南社史料輯存

張夷 主編

南社社友錄

四

郭建鵬 陳穎 編著

上海大學出版社

0847. 杜之杕

0847.杜之杕（1879—？），字貢石，廣東南海（今佛山市南海區）人。1917年3月25日由淩鴻年、蔡哲夫介紹入社，入社書編號847。1904年東渡日本，入東京法政大學速成科攻讀。1905年8月參與組建中國同盟會。歸國後任職於廣東法政學堂。辛亥廣東光復後，任廣東都督府樞密處參議。

南社社友錄

南社入社書

姓名	杜王枨 字贡石
年歲	三十九
籍貫	廣東 南海
居住	廣州 太平橫街四號
通訊處	同上
介紹人	凌鴻年
年月日	民國六年三月

0848. 朱念慈

0848. 朱念慈（1877—？），號介如，廣東東莞人。1917年3月25日由鄧章興、蔡哲夫介紹入社，入社書編號848。

南社社友錄

南 社 入 社 書

姓　名	朱念慈　號介如
年　歲	四十一
籍　貫	廣東東莞
居　住	廣東省城丹桂里二十九號
通訊處	同上
介紹人	鄧蕐興　蔡哲夫
年月日	六年三月廿曰

0849. 梁宇皋

0849. 梁宇皋（1892—？），廣東南海（今佛山市南海區）人。1917年3月25日由蔡哲夫、汪兆銘介紹入社，入社書編號849。

南社社友錄

南社入社書

姓名	梁宇皋
年歲	二十六
籍貫	廣東 南海
居住	倫敦
通訊處	7 Melody Rd Wandsworth London
介紹人	蔡安 汪精衛
年月日	民國二年三月六日

0850. 陳 淮

0850. 陳淮（1871—1955），字覺殊，一字覺是，號菊如，別署瘦比黃花，浙江嘉善人。1917年3月26日由王大覺、郁佐梅、余十眉介紹入社，入社書編號850。

南社社友錄

	南社入社書
姓名	陳淮 號覺殊
年歲	四十六歲
籍貫	浙江加善
居住	西塘
通訊處	西塘朝南埭
介紹人	王大覺 郁佐梅 余十眉
年月日	六年三月廿六日

0851. 李鍾騏

0851. 李鍾騏（1899—1982），字達三，號癯梅，別署紅蠶，浙江嘉善人。1917年3月由其兄李絳雲和郁佐梅、余十眉介紹入社，入社書編號851。早年曾在洪溪小學執教，後任平川印刷所經理。著有《紅蠶室詩詞》、《平川棹歌百首》等。

南社入社書

姓名	李癯梅 字達三 名鍾瑉
年歲	十九歲
籍貫	浙江嘉興縣
居住	西塘鎮
通訊處	嘉善西塘鎮塘東街
介紹人	余十眉 郁佐梅 李濟雲
年月日	六年三月

0852. 周　默

0852.周默（1896—1998），原名延年，曾用名思孟，字君石，一字君實，號子美，浙江吳興（今湖州）人。1917年3月由曹應仲介紹入社，入社書編號852。1913年畢業於浙江法政專門學校政治經濟科。1917年編撰《南潯詞徵》二卷。1924年任南潯嘉業堂藏書樓編目部主任，編有《嘉業堂藏書目錄》、《嘉業堂明刊善本目錄》、《嘉善堂鈔校本目錄》等書目，並被吸收爲中華圖書館協會第一屆會員。曾執教於上海聖約翰大學中文系、上海震旦大學文學院、中法國立工學院等院校。1952年起歷任華東師範大學中文系、教育系、古籍研究所教授。著有《莊氏史案考》、《洛陽伽藍記注》、《施北研年譜》、《南潯鎮志稿》等，編有《善本書所見錄》、《天一閣藏書經見錄》等。

南社入社書

姓名	周黮 字君定 又字子美
年歲	二十二歲
籍貫	吳興縣
居住	南潯鎮周柵申泰
通訊處	同上
介紹人	曹應仲君靜
年月日	

0853. 陳珮章

0853.陳珮章（1894—1968），女，字紉蘭、銀蘭，安徽建平（今郎溪）人。1917年4月1日由其丈夫仲中介紹入社，入社書編號853。有《蘅蘭室吟草》。

南社入社書

姓名	陳珮章（級蘭）
年歲	二十四
籍貫	安徽建平
居住	蕪湖索麵巷六号
通訊處	江蘇泰縣楊柳巷仲宅
介紹人	仲中
年月日	六年四月一號

0854. 莫冠英

0854. 莫冠英（1882—？），號鳳孫，廣東新會（今江門市新會區）人。1917年4月1日由蕭吉珊、蔡哲夫介紹入社，入社書編號854。

南社社友錄

南社入社書	
姓名	莫冠英 號鳳孫
年歲	叁拾陸歲
籍貫	廣東廣州府新會縣
居住	廣州城 仙湖街賴長書院
通訊處	仝上
介紹人	蕭錫禎 蔡寅
年月日	中華民國六年四月 日

0855. 蔣乃均

0855. 蔣乃均（1879—？），字平階，江蘇太倉人。1917年4月2日由李徇公介紹入社，入社書編號855。

南社社友錄

南社入社書	
姓名	蔣乃鈞 字平階
年歲	三十九歲
籍貫	太倉
居住	太倉西門內海寧寺巷
通訊處	仝上
介紹人	李中
年月日	六年四月二日

0856. 陸孟飛

0856. 陸孟飛（1887—？），廣東鶴山人。1917年4月2日由陳耿夫介紹入社，入社書編號856。

南社社友錄

南社入社書

姓名	陸孟飛
年歲	三十一
籍貫	廣東鶴山
居住	廣州民國報社
通訊處	同上
介紹人	陳秋夫
年月日	六年四月二日

0857. 俞誠之

0857. 俞誠之（1895—1969），原名祖猷，別名棪，字薇生，浙江杭縣（今杭州）人。1917年4月3日由陸丹林、盧諤生介紹入社，入社書編號857。1906年考入省隨宦學堂。1910年考入北京清華學堂留美預備科。1913年春畢業於廣東高等師範學校。曾擔任過廣州《中原報》、潮州《民報》、香港《國是報》、北京《民生月刊》、上海《晨報》主編、撰述、記者、主筆等。1926年春任司法部秘書。1929—1931年在上海國立音樂專科學校任文牘員。1955年10月受聘爲上海文史研究館館員。著有《鬼谷子新注》、《中國政略學史》、《中國文化起源論》、《夏商遺文考釋》、《先秦貨幣概論》及《整理全國鐵路業務聯運計畫書》等。

南社入社書	
姓名	俞誠之
年歲	廿五
籍貫	杭縣
居住	香港堅道保羅女書院
通訊處	仝上
介紹人	陸丹林 盧諤生
年月日	六四三

0858. 李 勁

0858.李勁(1888—？),字況松,湖南衡陽人。1917年4月4日由李澄宇、謝晉介紹入社,入社書編號858。民國初期曾在《長沙日報》館供職。

南社入社書

姓名	李 勁 字況松
年歲	三十歲
籍貫	湖南衡陽
居住	衡陽廖田壋
通訊處	(1) 衡陽廖田壋郵局 (2) 長沙日報館
介紹人	李澄宇 謝晉
年月日	中華民國六年四月四日

0859. 許慎微

0859. 許慎微（1901—1942），女，號慧墨，江蘇太倉人。1917年4月4日由馮心俠、俞鍔、許蘇民、許競存介紹入社，入社書編號859。

南社社友錄

南社入社書

姓名	許慧墨 許慎敨
年歲	十七
籍貫	江蘇太倉
居住	太倉璜涇
通訊處	同上
介紹人	許蘖 俞鍔 馮平
年月日	中華民國六年四月四日

0860. 朱蔚堂

0860. 朱蔚堂（1880—？），字怙生，浙江蕭山（今杭州市蕭山區）人。1917年4月8日由王海帆介紹入社，入社書編號860。

南社入社書

姓名	朱慰堂　字怡生
年歲	三十八
籍貫	浙江蕭山
居住	蕭山桃源鄉石山房
通訊處	浙江省立杭州女子師範學校 蕭山臨浦高等小學校
介紹人	王毓岱
年月日	民國六年四月八日

0861. 嵇鼎銘

0861. 嵇鼎銘（1877—？），字竟益，浙江吳興（今湖州）人。1917年4月8日由許祖謙、張心蕪介紹入社，入社書編號861。

南社社友錄

南社入社書

姓名	穆竟益 名鼎銘
年歲	四十一歲
籍貫	浙吳興縣
居住	湖州城內
通訊處	湖州公益絲廠轉交
介紹人	許行彬 張心蕙
年月日	民國六年四月初八日

0862. 張光蕙

0862. 張光蕙（1899—？），女，字稚蘭，一字蘊香，號琅姑，別號心瓊，四川營山人。1917年4月10日由蔡哲夫介紹入社，入社書編號862。著有《項羽論》、《〈三月三日哭母詩〉序》、《與柳亞子書》等。

南社社友錄

南社入社書

姓名	張光蕙字稚蘭一字琅姑 又號心瓊
年歲	十九
籍貫	四川營山縣
居住	廣東省城天平東街三號
通訊處	仝上 廣西桂林皇宮街張積善堂
介紹人	姜希鎣
年月日	六 四十

0863. 張光翩

0863.張光翩（1900—？），字搏九，號餐霞，四川營山人，張光蕙之弟。1917年4月10日由蔡哲夫介紹入社，入社書編號863。撰有《先妣朱太恭人行狀》。

南社社友錄

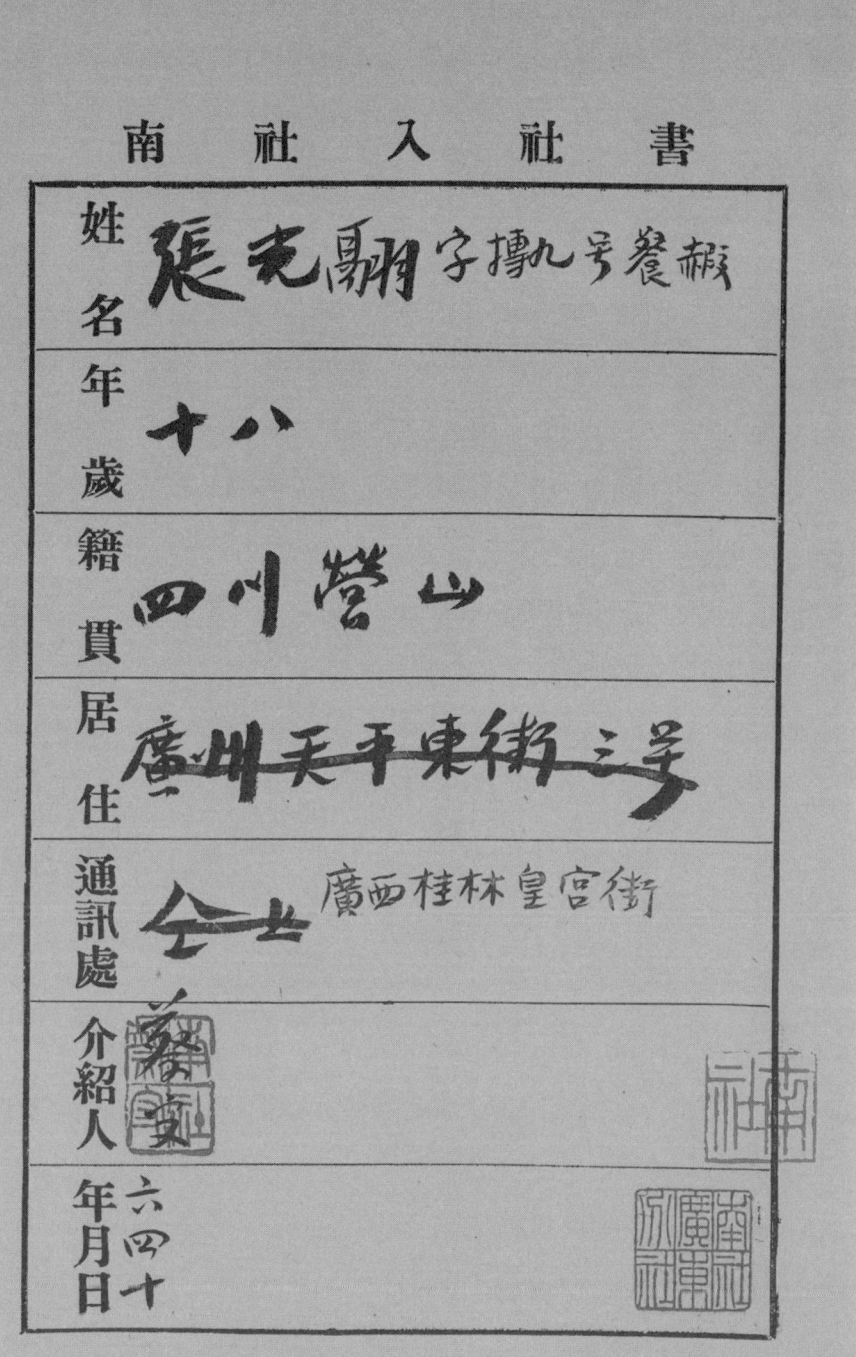

0864. 廖從本

0864. 廖從本（1868—？），字務滋，廣西靈川人。1917年4月10日由蔡哲夫、盧諤生介紹入社，入社書編號864。著有《探梅》等。

南社入社書

姓名	廖從本 字務滋
年歲	五十
籍貫	廣西靈川
居住	~~廣州天平東街三號蜀北張寓~~
通訊處	今上桂林皇宮街
介紹人	蔡文 盧湛生
年月日	六四十

0865. 張 權

0865. 張權（1898—？），字心量，號翩雋，湖南慈利人。1917年4月10日由吳恭亨介紹入社，入社書編號865。

南社入社書

姓名	張權 心量
年歲	二十
籍貫	湖南慈利
居住	慈利縣城
通訊處	慈利縣城 張春泰
介紹人	吳恭亨
年月日	中華民國六年四月十日

0866. 姚焕章

0866. 姚焕章（1896—1963），字襄陶，一字湘濤，江蘇青浦（今上海市青浦區）人。1917年4月10日由郁佐梅介紹入社，入社書編號866。早年就讀於江蘇省立上海第二師範學校，畢業後曾到印尼爪哇華僑學校任教，回國後當選爲青浦縣教育會副會長。1922年創辦《青光報》（月刊），宣傳民主革命思想。北伐軍興，出任國民黨青浦縣黨部常務執行委員、代理縣長。"四一二"事變後遭通緝，潛走洛陽。1946年加入中國共產黨。新中國成立後任晉元中學校長，後調任東南中學、民立女中分校、南洋女中等校校長。撰有《青浦地方小掌故》等。

南社社友錄

南社入社書

姓名	姚煥章 襄陶
年歲	二十二歲
籍貫	青浦
居住	青浦城內
通訊處	南翔 第二高等小學校
介紹人	郁佐梅
年月日	六年四月十日

0867. 錢詩棣

0867. 錢詩棣（1873—？），字躬行，江蘇太倉人。1917年4月12日由李詢公介紹入社，入社書編號867。

南社社友錄

南社入社書

姓名	錢船行 名詩穌
年歲	四十五
籍貫	太倉
居住	西門內
通訊處	通佐教育館
介紹人	李中
年月日	六年閏十二

0868. 曾　蘭

0868. 曾蘭（1875—1917），女，字香祖，一字仲殊，四川華陽(今成都市雙流區)人。1917年4月14日由其丈夫吳虞和柳亞子介紹入社，入社書編號868。1912年4月任成都《女界報》主筆。1914年發表短篇小說《孼緣》於上海《小說月報》。

南社入社書

姓名	香祖 曾蘭 [印:香祖曾蘭]
年歲	四十二歲
籍貫	華陽
居住	成都少城柵子街十三號
通訊處	同上
介紹人	柳亞子 吳又陵民
年月日	民國六年四月十四日

南社社友錄

0869. 吳其英

0869. 吳其英（1894—？），女，原名畸，字奇隱，廣東梅縣（今梅州市梅縣區）人，吳幹之妹。1917年4月15日由其兄吳幹介紹入社，入社書編號869。

南社社友錄

南社入社書

姓名	吳畴 奇隱
年歲	二十四歲
籍貫	廣東 梅州
居住	梅州 松口鎮
通訊處	汕頭 松口 和隆號轉
介紹人	吳小枚
年月日	六年四月十五日

0870. 胡兆焕

0870.胡兆焕（1880—1955），字夢珠，一字夢朱，號蒙子，浙江嘉善人。1917年4月15日由郁佐梅、余十眉介紹入社，入社書編號870。辛亥革命後入南京政法專門學堂習法律。1915年在江蘇金山縣創辦金山師範講習所，任所長。1917年到嘉興任浙江省立第二中學學監。1920年任江蘇南通女子師範學校教員及上海浦東中學學監。1925年與學生一起參加"五卅"運動。1926年回到嘉善創辦縣立初級中學，任校長。1931年任浙江省教育廳幹事。1946年後任嘉善西塘文化館館長、嘉善縣修志館館長等職。1953年被聘爲浙江省文史研究館館員。撰有《張氏二先生集序》等。

南社入社書

姓名	胡兆焕 蒙士
年歲	三十六
籍貫	浙江嘉善
居住	浙江嘉善西塘慎西街计口宗谢
通訊處	仝上
介紹人	柳佽 樑谿 名肩
年月日	民國六年四月十五日

0871. 陳應松

0871.陳應松（1872—？），字雁公，號夢鹿，浙江海鹽人。1917年4月15日由譚天、張傳琨介紹入社，入社書編號871。

南社社友錄

南社入社書

姓名	陳應松 號夢鹿
年歲	年四十六歲
籍貫	浙江海鹽
居址	澉城鎮
通訊處	善後局 嘉興禁烟
介紹人	張桌身 譚天風
年月日	四月十五日 民國六年

0872. 梁蘭劍

0872. 梁蘭劍（1878—？），廣東高要（今肇慶市高要區）人，原籍江蘇上元（今南京市）。1917年4月20日由葉敬常、蔡哲夫介紹入社，入社書編號872。

南社入社書

姓名	梁蘭劍
年歲	四十歲
籍貫	寄籍高要縣 原籍江蘇上元
居住	廣州聖心學校
通訊處	聖心學校
介紹人	葉恭綽
年月日	六四廿

0873. 秦 轂

0873.秦轂（1878—？），字少嵋，號剛武，湖南華容人。1917年4月21日由傅熊湘介紹入社，入社書編號873。民國初期曾供職於長沙《民國日報》館。

南社入社書

姓名	秦轂 字少嵋 又字剛 武
年歲	卅一
籍貫	湖南華容
居址	華容東鄉白洋林內
通訊處	華容東鄉塔市驛郵局轉遞 長沙 又長沙 報館
介紹人	傅君劍
年月日	民國六年四月二十一日

0874. 魯蕩平

0874. 魯蕩平（1895—1975），字若衡，湖南寧鄉人。1917年4月21日由傅熊湘介紹入社，入社書編號874。早年加入中國同盟會，後又加入中華革命黨，任湘支部總幹事。曾任湖南益陽和湘鄉等縣縣長、長沙《民國日報》主筆、湖南及北京《民立晚報》編輯、湘軍總部顧問兼軍法官、駐粵湘軍第三路軍司令、天津特別市政府社會局長兼國民黨天津市黨部常務委員、天津《民國日報》社社長、《中央日報》總編輯、北平民國大學校長、國民黨"五大"中央監察委員會常務委員、湖北省黨部特派員、武漢行轅秘書長等職。後去臺灣，續任"立法委員"，並被湘人推選為湖南省同鄉會理事長。曾創辦《湖南文獻季刊》。1975年6月6日逝世。

南社入社書

姓名	魯蕩平 號若衡
年歲	二十二歲
籍貫	寧鄉
居址	留家塘
通訊處	長沙民國日報館
介紹人	傅君劍
年月日	民國六年四月二十一號

0875. 鮑 湛

0875.鮑湛（1871—？），字廉澂，四川成都人。1917年4月25日由王海帆介紹入社，入社書編號875。有詩《題亞子〈分湖舊隱圖〉》、《西施廟》、《朱買臣廟》等。

南社入社書

姓名	鮑湛字廣澂
年歲	四十七
籍貫	四川成都
居住	杭城
通訊處	橫河橋寶華街
介紹人	王海帆
年月日	民國六年四月廿五日

0876. 莫懷珠

0876. 莫懷珠（1901—？），女，字醉儂，浙江湖州人。1917年4月25日由朱少屏介紹入社，入社書編號876。

南社社友錄

南社入社書

姓名	莫懷珠 醉濃
年歲	十七歲
籍貫	湖州
居址	上海徐家滙路久成紗廠
通訊處	上海海甯路天保里愛國女校
介紹人	朱少屏
年月日	六年月五号　民國肆廿

0877. 徐蘊真

0877.徐蘊真（1897—？），女，字藥儂，江蘇常熟人。1917年4月26日由朱少屏介紹入社，入社書編號877。

南社社友錄

南社入社書

姓名	徐蘊真 藥儂
年歲	二十一歲
籍貫	常熟
居址	蘇州齊門東北街華陽橋10號
通訊處	上海海甯路天保里愛國女校
介紹人	朱少屏
年月日	民國六年四月廿六日

0878. 黃 蕙

0878.黃蕙（1888—？），女，字少蘭，廣東鶴山人。1917年4月26日由蔡哲夫介紹入社，入社書編號878。

南社入社書

姓名	黃蕙號少蘭女士
年歲	參拾
籍貫	廣東鶴山縣
居住	廣州西村~~紙行街陶淑女子師範講習所~~
通訊處	
介紹人	
年月日	民國六年四月二十六號

0879. 張光薇

0879. 張光薇（1901—？），女，字穉香，四川營山人，張光蕙之妹。1917年4月28日由蔡哲夫介紹入社，入社書編號879。

南社入社書

姓名	張光護 字稗香 女士
年歲	十七
籍貫	四川營山縣
居住	廣州天平東街二号
通訊處	仝上 廣西桂林皇宫街
介紹人	蔡哲夫
年月日	六四廿

0880. 袁金鈠

0880. 袁金鈠（1893—1957），字鐵錚，一字枕石，號天真，江蘇吳江（今蘇州市吳江區）人。1917年4月28日由沈昌眉、陳洪濤介紹入社，入社書編號880。

南社社友錄

南社入社書

姓名	袁金鏗 鏗鏗
年歲	念五
籍貫	江蘇吳江
居住	松江西門外塔東
通訊處	婁里縣立四高校
介紹人	沈眉若 陳洪濤
年月日	六の六

0881. 金祖榮

0881. 金祖榮（1891—1936），字劍平，又字緘瓶，號夕陽，江蘇吳江（今蘇州市吳江區）人。1917年4月28日由沈昌眉、陳洪濤介紹入社，入社書編號881。民初曾在黎里縣立第四高等小學任教，後參加范煙橋創建的同南社。1918年參加松陵文獻保存會。

南社社友錄

南社入社書

姓名	金祖棻 劍平 一字夕陽
年歲	念柒
籍貫	吳江
居住	同里北埭
通訊處	蘇州縣立四高校 同里北埭
介紹人	沈昌石 陳巨來
年月日	四月廿八日

0882. 鄧芝材

0882. 鄧芝材（1896—？），字微之，廣東東莞人。1917年4月30日由鄧寄芳、陳雲峰、蔡哲夫介紹入社，入社書編號882。

南社社友錄

南社入社書

姓名	鄧芝村字徵之
年歲	二十二歲
籍貫	廣東東莞縣
居住	廣州高華里虛舟書室
通訊處	同上
介紹人	鄧爾疋　沈雲峰
年月日	六四廿

0883.蔡鉞

0883.蔡鉞（1878—？），字有虔，號焦桐子，江蘇武進(今常州市武進區)人。1917年4月30日由沈昌直介紹入社，入社書編號883。

南社社友錄

南社入社書

姓名	蔡鉞 號有虞 別號隹桐子
年歲	四十歲
籍貫	武進
居住	常州大浮橋東首蔡家塲
通訊處	常州住宅或無錫第三師範
介紹人	沈昌直
年月日	民國六年四月三十日

0884. 丁立中

0884. 丁立中（1866—1920），字和甫，號禾廬、宜堂，室名八千卷樓、九思居，浙江杭縣(今杭州)人。1917年5月1日由王海帆介紹入社，入社書編號884。撰有《(先考)松生府君年譜》四卷（刊入《宜堂類編》）。

南社社友錄

南社入社書

姓名	丁立中 和甫 禾廬
年歲	五十二歲
籍貫	浙江杭縣
居住	杭州頭髮巷元號
通訊處	〃 〃 〃 〃 〃
介紹人	餘杭王毓岱 海帆
年月日	民國六年五月一日

0885. 張明培

0885. 張明培（1891—？），字君達，浙江嘉善人。1917年5月1日由李拙介紹入社，入社書編號885。

南社社友錄

南社入社書

姓名	張明培 號居達
年歲	二十七歲
籍貫	浙江嘉善
居住	嘉善一里涇
通訊處	嘉善李康佛轉
介紹人	李康佛
年月日	六年五月一日

0886. 黃翹芝

0886.黃翹芝（？—？），字穎傳，廣東番禺（今廣州市番禺區）人。1917年5月1日由葉敬常、蔡哲夫介紹入社，入社書編號886。

南社社友錄

南社入社書

姓名	黃翹芝	別字	穎傳
年歲			
籍貫	廣東 番禺		
居住	廣州南關石基里南約十五号		
通訊處	仝上		
介紹人	葉敬常		
年月日	五月卅日		

0887. 方楚白

0887.方楚白（1895—？），廣東開平人。1917年5月2日由蔡哲夫介紹入社，入社書編號887。

南社社友錄

南社入社書

姓名	方楚白
年歲	廿三
籍貫	廣東開平
居住	香港上環德輔道中百三十八號二樓金興福榮庄山
通訊處	仝上
介紹人	蔡哲夫
年月日	六五二

0888. 蘇 良

0888.蘇良（1889—？），字公盦，安徽太平（今黃山市黃山區）人。1917年5月6日由黃復介紹入社，入社書編號888。

南社入社書

姓名	蘇良 字公盦
年歲	二十九歲
籍貫	安徽省 太平縣 嶺上村
居住	江蘇省 淮安縣 城內
通訊處	淮安縣 德源莊轉交
介紹人	蝶病 黃
年月日	民國六年五月六號

0889. 沙世傑

0889. 沙世傑（1885—？），字鳳千，江蘇海門人。1917年5月由陸曾沂介紹入社，入社書編號889。曾留學日本。

南社社友錄

南社入社書

姓名	沙世傑 鳳午
年歲	三十三
籍貫	江蘇海門
居住	久隆鎮
通訊處	蘇州幽蘭巷壹號
介紹人	陸冠春
年月日	民國六年五月

0890. 馮淑儀

0890. 馮淑儀（1894—？），女，廣東順德人。1917年5月9日由蔡哲夫介紹入社，入社書編號890。

南社社友錄

南社入社書

姓名	馮淑儀女士
年歲	廿四
籍貫	廣東順德縣
居住	廣州珠光里北約七號
通訊處	仝上
介紹人	
年月日	六五九

0891. 鄧昌運

0891. 鄧昌運（1889—？），字崧生，廣東東莞人。1917年5月9日由鄧寄芳、蔡哲夫介紹入社，入社書編號891。

南社社友錄

南社入社書

姓名	鄧昌運 崧生
年歲	二十九歲
籍貫	廣東東莞縣
居住	廣東東莞城內南街
通訊處	廣東東莞城內南街亦廬
介紹人	鄧崿芳 [印]
年月日	中華民國六年五月九日

0892. 楊棣棠

0892. 楊棣棠（1893—1965），字弘漢、宏漢，號友于、友宇，別署弘道居士，廣東香山（今中山）人。1917年5月10日由劉超武、蔡哲夫介紹入社，入社書編號892。生於檀香山。早年師事林紓，爲桐城派之入室弟子。後遊於上海，曾任檀香山華文中學教員。"九一八"事變後曾代表檀香山華僑團體回國請願，要求當局出兵抗日。1932年"一·二八"事變後返回檀香山，在當地華僑中募集款項，支持國内抗戰。1935年受聘主持華僑團體明德社臺山分社，任副社長。著有《養晦庵書》。

南社社友錄

南社入社書

姓名	楊棣棠 字弘漢 号友丁
年歲	二十又五
籍貫	廣東香山
居住	廣東香山隆鎮申明亭鄉
通訊處	仝上
介紹人	劉甦庵
年月日	六五十

0893. 吳子垣

0893. 吳子垣（1883—1944），又名紫垣，字少微，一字少薇，號剛父，別署松廬、微子，廣東香山（今中山）人。1917年5月10日由劉超武、蔡哲夫介紹入社，入社書編號893。1909年歸國後曾組織革命軍，參加廣東北伐軍。1914年入廣東法政專科學校。1917年任廣東軍政府自衛局局長。1919年後在上海受命組織中國國民黨第一分部，並創辦《評論日報》。1923年後任國民黨上海市黨部執行委員兼組織部長、建國軍豫軍北伐先遣隊總指揮、孔教青年會主任委員兼講師等職。1926年參加孫文主義學會。後在上海、廣東兩地興辦義校、商校，創辦孔教中小學校。1938年在上海設立星光小學。

南社入社書

姓名	吳子垣	字 少微父 號 剛
年歲	三十五	
籍貫	廣東香山	
居住	香山隆鎮龍聚環鄉	
通訊處	同上	
介紹人		
年月日	中華民國六年五月十號	

0894. 費善衡

0894. 費善衡（1893—？），字公威，江蘇吳江(今蘇州市吳江區)人。1917年5月12日由費公直、葉楚傖、朱汝珏介紹入社，入社書編號894。

南社入社書

姓名	費善衡 公咸
年歲	二十五
籍貫	江蘇吳江
居址	周莊鎮
通訊處	南京上河掩護隊三營九連
介紹人	費公直　葉楚傖　朱鴛雛
年月日	六年五月十二号

0895. 盛世弼

0895. 盛世弼（1894—？），安徽懷寧人。1917年5月15日由成舍我介紹入社，入社書編號895。

南社社友錄

南社入社書

姓名	盛世孫
年歲	二十四歲
籍貫	安徽懷寧
居住	懷寧城內三步兩橋四百三十三號
通訊處	仝上
介紹人	成舍我
年月日	民國六年五月十五日

0896. 包 一

0896. 包一（1871—？），字千谷，福建上杭人。1917年5月15日由邱復介紹入社，入社書編號896。著有《東溪草廬詩抄》等。

南社入社書

姓名	包一 千谷
年歲	四十七
籍貫	福建上杭
居住	廬豐東溪
通訊處	汕頭峯市廬豐交耕心堂
介紹人	丘復
年月日	六年五月十五

南社社友錄

0897. 許　觀

0897.許觀（1898—1939），又名觀曾，字盥孚，號半龍，江蘇吳江（今蘇州市吳江區）人。1917年5月16日由柳亞子介紹入社，入社書編號897。早年加入國學商兌會、滄社。1924年返鄉參與組建紅十字會蘆墟分會。1925年入上海中醫專門學校學習。1927年與秦伯未等創辦上海中國醫學院。著有《靜觀軒詩鈔》、《兩京遊草》等。

南社社友錄

南社入社書

姓名	許盥孚 名觀
年歲	十九歲
籍貫	江蘇吳江
居住	蘆墟鎮
通訊處	轎子灣
介紹人	柳亞子
年月日	六年五月十六日

0898. 李昌賡

0898. 李昌賡（1896—？），字仲揚，廣東連州人。1917 年 5 月 20 日由蔡哲夫介紹入社，入社書編號 898。

南社社友錄

南社入社書

姓名	李昌虞 字仲揚
年歲	廿二
籍貫	廣東連州
居住	廣州高陽里茅七号
通訊處	同上
介紹人	蔡哲夫
年月日	六 五 廿

0899. 朱蘭英

0899. 朱蘭英（1900—？），女，字紉秋，廣東番禺（今廣州市番禺區）人。1917年5月20日由蔡哲夫介紹入社，入社書編號899。

南社社友錄

南社入社書	
姓名	朱蘭英字紉秋女士
年歲	十八
籍貫	廣東番禺
居住	廣州高陽里七號
通訊處	同上
介紹人	蔡守
年月日	六五廿

0900. 單聿荇

0900. 單聿荇（1899—？），字漢采，湖南慈利人。1917年5月20日由吳恭亨介紹入社，入社書編號900。

南社社友錄

南社入社書

姓名	單聿荇 號漢采
年歲	十九歲
籍貫	湖南慈利
居住	二十五都 流碧泉
通訊處	縣正街 中大復
介紹人	吳悔晦
年月日	民國六年五月二十日

0901. 劉作華

0901. 劉作華（1884—？），字香亭，福建武平人。1917 年 5 月 20 日由邱復介紹入社，入社書編號 901。

南社入社書

姓名	劉作華 別字香亭
年歲	三十四歲
籍貫	福建省武平縣
居住	武平縣巖前鄉
通訊處	上杭轉巖前城崇正學校
介紹人	丘復
年月日	民國六年五月二十日

0902. 魏在田

0902.魏在田（1880—？），字春影，浙江杭縣(今杭州)人。1917年5月23日由王海帆介紹入社，入社書編號902。

南社入社書

姓名	魏在田 別號春影 詞人
年歲	三十八
籍貫	原籍直隸浙江杭州祖廟巷四十四號 隸趙縣 寄居浙江杭縣
居住	浙江杭州祖廟巷四十四號
通訊處	
介紹人	王毓岱
年月日	民國六年五月二十三日

0903. 陶 鑄

0903. 陶鑄（1869—？），字志淵，號癡鴛，浙江杭縣（今杭州）人。1917年5月由王海帆介紹入社，入社書編號903。

南社社友錄

南社入社書

姓名	陶鑄 字志淵 又字痴鴛
年歲	四十九歲
籍貫	浙江杭縣
居住	忠清directions街永濟衣莊
通訊處	
介紹人	王毓岱
年月日	六年五月

0904. 唐有烈

0904. 唐有烈（1897—？），字九如，江蘇吳江(今蘇州市吳江區)人。1917年5月由沈昌眉介紹入社，入社書編號904。1920年主持重印《午夢堂全集》。

南社入社書

姓名	唐有烈 字九如
年歲	二十一
籍貫	江蘇吳江
居住	蘆墟鎮
通訊處	蘇州蘆墟
介紹人	沈眉若
年月日	六年五月

0905. 任鳳岡

0905.任鳳岡（？—？），字茂梧，浙江海鹽人。1917年由張心蕪介紹入社，入社書編號905。

南社社友錄

南社入社書

姓名	任鳳岡 茂梧
年歲	三十四歲
籍貫	海鹽 浙江
居住	杭州 聖觀巷廿九號
通訊處	仝上
介紹人	張心葊
年月日	

0906. 查人偉

0906.查人偉（1887—1949），字仲堅、中堅，號誦堅、若廬，浙江海寧人。1917年由張心蕪介紹入社，入社書編號906。爲中國同盟會會員。1911年辛亥革命後歷任平湖縣承審員、桐廬縣專審員、浙江省議會參議員、國民黨浙江省黨部監察委員等職。曾任職於杭州《良言報》館，創辦《新浙江日報》。

南社社友錄

南社入社書

姓名	查人偉 字中堃
年歲	三十一歲
籍貫	海寧（浙江）
居住	園花鎮
通訊處	花鎮硤石轉園 假館杭州良言
介紹人	張心蕪
年月日	

0907. 許祖謙

0907.許祖謙（1874—1953），又名葆光，字行彬，號西湖閒人，浙江海寧人。1917年由張心燕介紹入社，入社書編號907。1904年考入浙江高等學堂，畢業後任杭州師範學校、溫州甌江師範學校教員。1906年加入中國同盟會。1910年在杭州辦《浙江白話報》，後協助杭辛齋合辦《浙江白話新報》。辛亥革命後出任浙江省議會議員、浙江省財政廳秘書長。又先後辦《漢民日報》、《西湖報》、《杭州報》等。1917年曾在杭州海寧同鄉會所辦的《良言報》社任職。著有《行彬文稿》。

南社社友錄

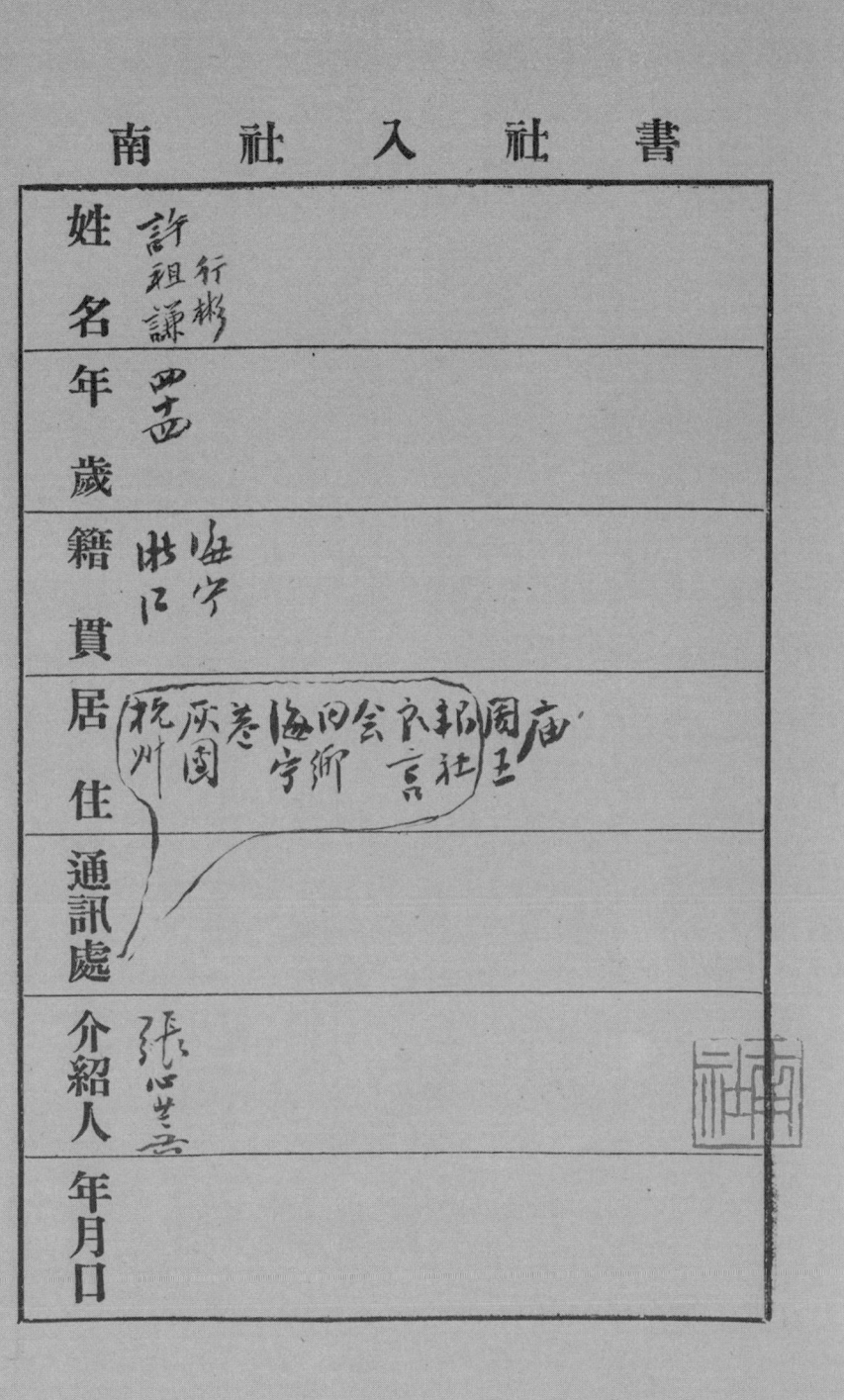

0908. 劉德馨

0908. 劉德馨（1885—？），字培芝，四川新繁（今成都市新都區）人。1917年5月28日由吳虞介紹入社，入社書編號908。

南社入社書

姓名	劉德馨 字培芝
年歲	三十三歲
籍貫	四川新繁縣
居住	成都桂王橋東街十號
通訊處	同上
介紹人	吳又陵
年月日	民國六年五月廿八號

0909. 趙從勳

　　0909. 趙從勳（1898—？），字克周，廣西桂林人。1917年5月30日由蔡哲夫、盧諤生介紹入社，入社書編號909。

南 社 入 社 書	
姓名	趙徵勳字克周（從）
年歲	廿
籍貫	廣西桂林八
居住	廣東北街 高陽里九號
通訊處	仝前
介紹人	
年月日	六五廿

0910. 張修爵

0910. 張修爵（？—？），字遵午，江蘇江寧（今南京市江寧區）人。1917年6月由陳世宜、俞鍔介紹入社，入社書編號910。

南社入社書

姓名	張修爵 遵午
年歲	
籍貫	白門
居住	北京 北柳巷
通訊處	北京順治門外 北柳巷
介紹人	陳匪石華 俞劍華
年月日	六年六月

0911. 黃維坤

0911. 黃維坤（1898—？），女，廣東鶴山人。1917年6月2日由蔡哲夫介紹入社，入社書編號911。

南社社友錄

南社入社書

姓名	黃維坤女士
年歲	二十
籍貫	廣東鶴山
居住	廣州紙行街~~半~~ 州陶淑女學校
通訊處	仝上
介紹人	蔡守
年月日	民國六年六月二十日

0912. 謝開勳

0912. 謝開勳（1893—？），字藎卿，號敬止生，江蘇睢寧人。1917年6月10日由郭愛棠介紹入社，入社書編號912。1912年任江蘇省立蘇州第一師範學校附小教員。1916年與郭愛棠一同任教於沛縣縣立高等小學。1917年入銅山縣江蘇省立徐州第七師範學校任教。1924年前後任睢寧縣教育局局長。著有《二十二年之膠州灣》。

南社入社書

姓名	謝開勛字藎卿號敬止生
年歲	二十五歲
籍貫	江蘇省睢寧縣
居住	卓圩鄉北區丁字山圩內
通訊處	銅山縣東關內江蘇省立第七師範學校轉
介紹人	郭愛棠
年月日	中華民國六年六月十日書

0913. 黃德如

0913. 黃德如（1896—？），女，廣東鶴山人。1917 年 6 月 12 日由蔡哲夫介紹入社，入社書編號 913。

南社入社書

姓名	黃德如女士
年歲	廿式歲
籍貫	廣東 鶴山縣
居住	廣州 城西愛蓮里開明女學
通訊處	仝上
介紹人	蔡守
年月日	民國六年六月十式号

0914. 張勵貞

0914. 張勵貞（1896—？），女，字麗真，廣東南海（今佛山市南海區）人。1917年6月12日由蔡哲夫介紹入社，入社書編號914。

南社社友錄

南社入社書	
姓名	張勵貞 女士
年歲	廿戎歲
籍貫	廣東 南海縣
居住	廣州城西愛蓮里開明女學
通訊處	全上
介紹人	蔡安
年月日	民國六年六月十戎号

0915. 孔儀姞

0915. 孔儀姞（1900—？），女，號茝湘，廣東香山（今中山）人。1917年6月15日由蔡哲夫介紹入社，入社書編號915。

南社社友錄

南社入社書

姓名	孔儀姞號薩湘女士
年歲	一十八歲
籍貫	廣東香山
居住	廣州西關歷榮新街學圃
通訊處	同上
介紹人	蓉安
年月日	民國六年六月十五日

0916. 李如煥

0916. 李如煥（1875—？），字碧棠，號懿園，湖南湘潭人。1917年6月18日由傅熊湘、方旭芝介紹入社，入社書編號916。

南社入社書

姓名	團體 別號 字碧棠 李如煥
年歲	四十三歲
籍貫	湘潭縣
居址	三門市 東四區
通訊處	學所 湘潭勸
介紹人	方旭初 傅専劍
年月日	六年六月十八日

0917. 吳肅群

0917. 吳肅群（1884—？），廣東梅縣（今梅州市梅縣區）人。1917年6月19日由何震生介紹入社，入社書編號917。

南社入社書

姓名	吳肅羣
年歲	三十四
籍貫	廣東梅縣
居住	南洋八打威中華學校
通訊處	（原）梅縣松口鎮李壁祥 （曾）荷屬八打威八帝官中華學校
介紹人	何震生
年月日	民國六年六月十九日

0918. 潘蕙疇

0918.潘蕙疇(1881—？)，字戀公，號秋士，廣東南海(今佛山市南海區)人。1917年6月20日由蔡哲夫介紹入社，入社書編號918。辛亥革命後在廣州《中國日報》任編輯。

南社社友錄

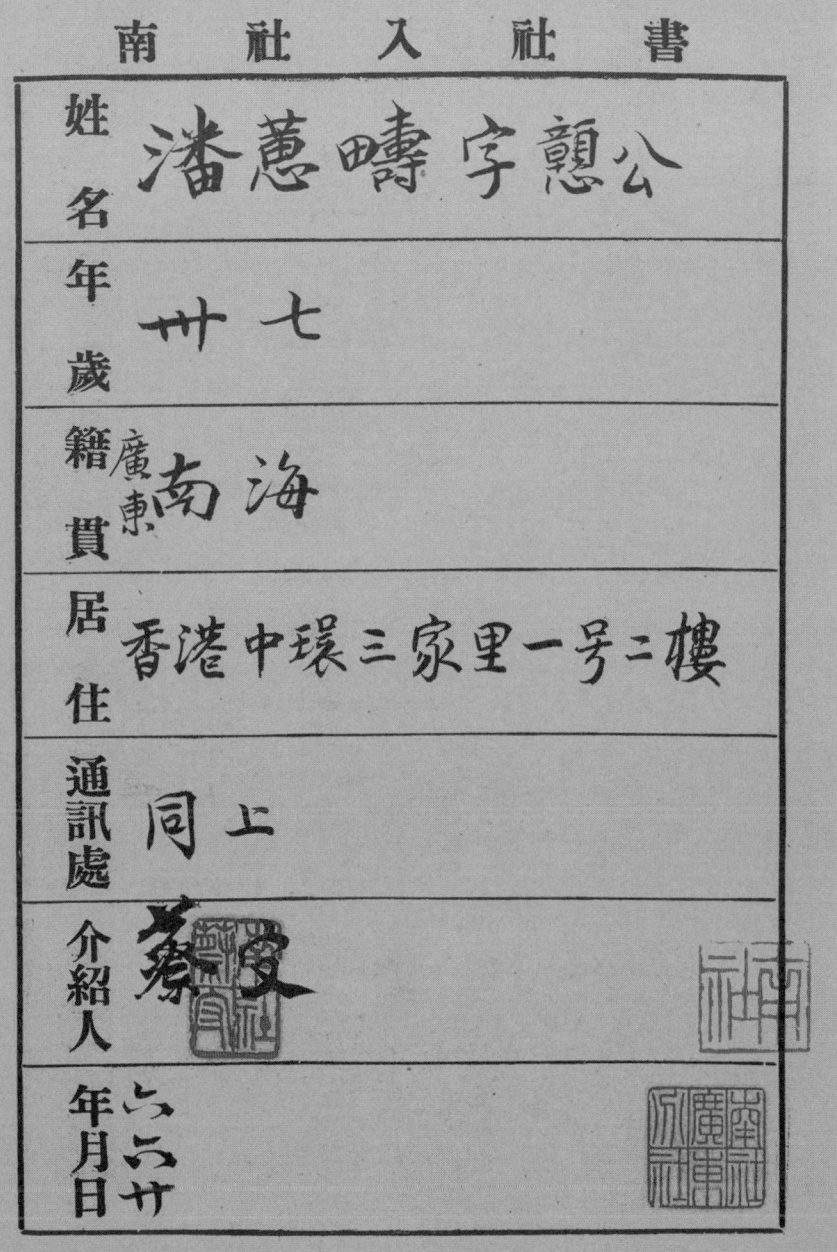

0919. 朱　炳

0919. 朱炳（1881—？），字蔚真，湖南湘潭人。1917年6月23日由方旭芝介紹入社，入社書編號919。

南社入社書

姓名	朱炳 字蔚真
年歲	三十七歲
籍貫	湖南湘潭縣
居住	湘潭都昌鎮馬錦坳
通訊處	湘潭上十八總莫永發
介紹人	方榮景
年月日	六年六月二十三日

南社社友錄

0920. 龐祿康

0920. 龐祿康（1877—？），字竹生，江蘇吳江(今蘇州市吳江區)人。1917年6月24日由錢祖憲介紹入社，入社書編號920。

南社入社書

姓名	龐檥康 號竹生
年歲	四十一歲
籍貫	吳江
居住	同里後港 南濠弄口 現在黎里第一國民學校
通訊處	仝上
介紹人	錢叔度
年月日	六年六月廿四日

0921. 吳沈時

0921.吳沈時（1888—？），字企彭，浙江嘉善人。1917年6月由郁佐梅介紹入社，入社書編號921。

南社入社書

姓名	吳沈鵬卓企彭 沈時
年歲	卅
籍貫	加善
居住	西塘
通訊處	西塘燒香港天凝庄第四高小
介紹人	郁佐梨
年月日	六年六月

南社社友錄

0922. 劉志遠

0922. 劉志遠（1878—？），字培初，湖南耒陽人。1917年6月由文湘芷、謝晉介紹入社，入社書編號922。

南社社友錄

南社入社書

姓名	劉志遠 臻 塔初
年歲	四十
籍貫	湖南耒陽縣
居住	耒陽雅江
通訊處	長沙中華書局
介紹人	臬麓 啟晉 文謝
年月日	中華民國六年六月

南社社友錄

0923. 沈尹默

  0923. 沈尹默（1883—1971），原名實，字中，又名君默，一作君墨，字尹默，號秋明，又號東陽仲子，別署瓠瓜，浙江湖州人。1917 年 6 月由劉季平介紹入社，入社書編號 923。1905 年隨兄留學日本，1912 年畢業於京都帝國大學文科。回國後任教於浙江省立第一中學、浙江高等學堂及浙江兩級師範學校。1914 年赴北京，任北京大學文史教授，又先後兼任北京女子師範大學、中法大學教授。曾力薦陳獨秀到北京大學擔任文科學長。1918 年與陳獨秀、李大釗等創辦《新青年》雜誌，任該雜誌編輯，宣導文學革命和白話新詩。1919 年"五四"運動時期參與新文化運動。1929 年任河北省政府委員兼教育廳廳長，翌年改任國立北平大學校長及北京大學文學院中國文學系名譽教授。1931—1933 年任中法大學教授、中法大學孔德學院院長兼中法文化交換出版委員會主任委員。1934 年參加北平研究院史學研究會，任研究員。新中國成立後任中央文史研究館副館長，上海文史研究館館務委員，上海市人民委員會委員及全國人大代表，第二、三屆全國政協委員，上海文聯副主席，上海中國畫院畫師，上海中國書法篆刻研究會主任，上海文物保管委員會委員，復旦大學教授等職。著有《秋明集》、《秋明室雜詩》、《秋明室長短句》等。

南社社友錄

南社入社書

姓名	沈尹默
年歲	三十四歲
籍貫	浙江湖州
居住	北京東四牌樓孫家坑六號吳興沈寓
通訊處	同上
介紹人	劉三
年月日	六年六月

0924. 魏電巖

0924. 魏電巖（1888—1964），女，字紫石，江蘇睢寧人。1917年6月29日由其丈夫周公權介紹入社，入社書編號924。

南社社友錄

南社入社書	
姓名	石紫字巖電魏
年歲	三十歲
籍貫	睢寧縣
居住	縣治西北馬家淺
通訊處	舊邳州博濟藥棧
介紹人	周公權
年月日	共和六年六月廿九日

0925. 周道芬

0925.周道芬（1899—1923），女，字晉嬪，江蘇睢寧人。1917年6月29日由其兄周公權介紹入社，入社書編號925。

南社入社書

姓名	周道芬字晉嬪
年歲	十九歲
籍貫	睢寧縣
居住	縣治西北馬家淺
通訊處	舊邳州博濟藥棧
介紹人	周公權
年月日	共和六年六月廿九日

0926. 周道鑾

0926.周道鑾（1904—1986），字揚季，江蘇睢寧人。1917年6月29日由柳亞子介紹入社，入社書編號926。1914年其父周祥駿就義後隨長兄周公權避難淮陰。1937年抗日戰爭爆發後參加抗日武裝，加入八路軍隴海南進支隊，任獨立三中隊隊長。1939年3月初加入中國共產黨。曾擔任蕭縣、銅山、睢寧、靈璧四縣抗日總隊參謀長。

南社入社書

姓名	周道鑾字揚季
年歲	十四歲
籍貫	睢寧縣
居住	縣治西北六十里馬家淺
通訊處	舊邳州博濟藥棧
介紹人	柳亞子
年月日	共和六年六月二十九日

南社社友錄

0927. 楊毖

0927. 楊毖（1880—？），號仲淦，湖北漢陽（今武漢市漢陽區）人。1917 年 6 月 30 日由古直、孫仲瑛介紹入社，入社書編號 927。

南社入社書

姓名	涂仲號燊楊
年歲	三十八歲
籍貫	湖北漢陽
居住	雲南省城
通訊處	雲南電報局
介紹人	古直　孫璞
年月日	民國六年六月三十日

0928. 王漱芳

0928. 王漱芳（1891—1916），女，字夢仙，江蘇丹徒（今鎮江市丹徒區）人。1916年7月1日由姜可生、王立佛、劉國瑛介紹入社，入社書編號928。有《夢仙遺稿》存世。

南社社友錄

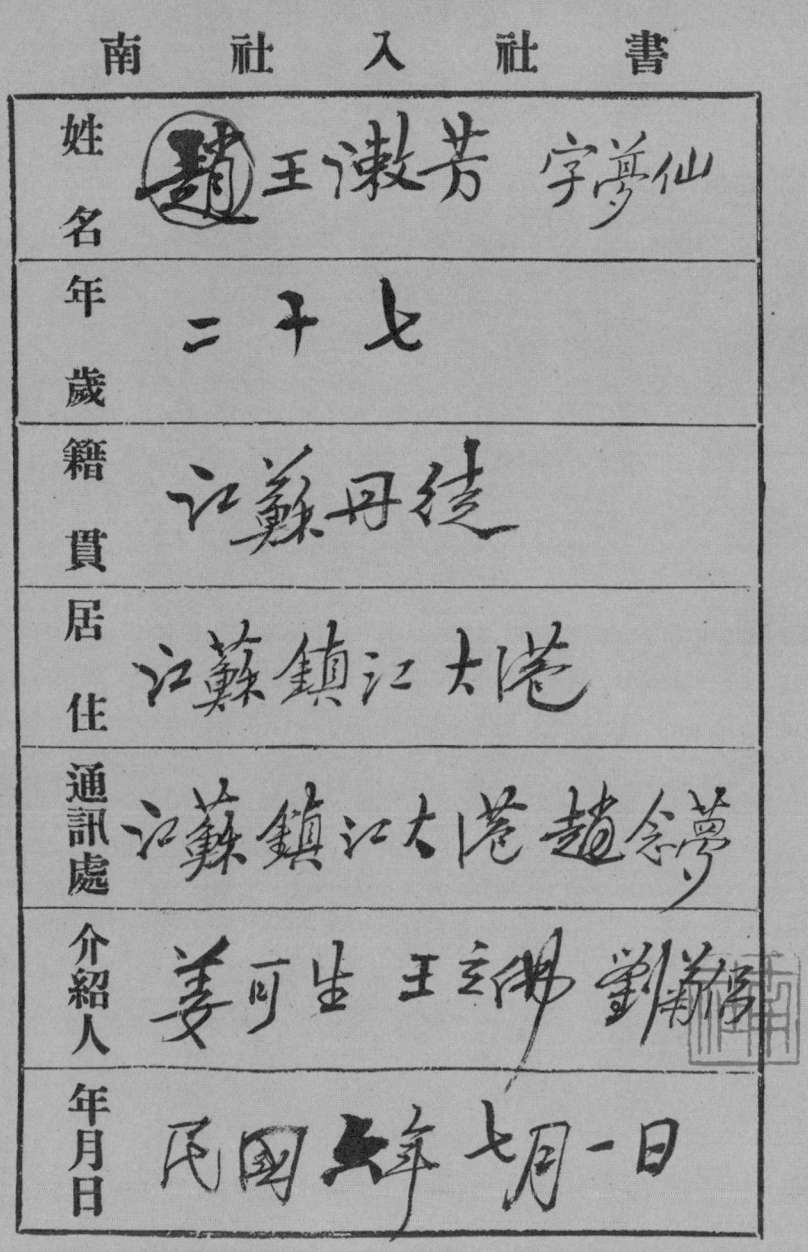

南社入社書	
姓名	趙王椒芳 字夢仙
年歲	二十七
籍貫	江蘇丹徒
居住	江蘇鎮江大港
通訊處	江蘇鎮江大港 趙念夢
介紹人	姜可生 王蘊卿 劉箐簃
年月日	民國六年七月一日

0929. 趙 悔

0929.趙悔（1892—？），字悟僂，號思白，江蘇丹徒(今鎮江市丹徒區)人。1917年7月1日由姜可生、王立佛介紹入社，入社書編號929。

南社社友錄

南社入社書

姓名	趙 梅 字悟樓 號思白
年歲	二十六
籍貫	江蘇丹徒縣
居住	鎮江大港鎮
通訊處	鎮江大港趙宅
介紹人	姜可生 王立佛
年月日	民國六年七月一日

0930. 李遠猷

0930. 李遠猷（1890—1953），字遠尤，號辛夷，江蘇興化人，原籍句容。1917年7月1日由姜可生、王立佛介紹入社，入社書編號930。

南社入社書

姓名	李遠獻 字遠尤 號辛夷
年歲	二十八
籍貫	江蘇興化縣 原籍句容
居住	江蘇興化縣元老府
通訊處	湖州梅溪高等小學校
介紹人	姜可生 王立佛
年月日	民國六年七月一日

0931. 陶紹煌

0931. 陶紹煌（1865—1938），字粟已，號亦園，江蘇吳江（今蘇州市吳江區）人。1917年7月2日由陳洪濤、柳亞子介紹入社，入社書編號931。

南社入社書

姓名	陶绍煌 栗巴 亦園
年歲	五十三歲
籍貫	吳江
居址	黎里夏家橋西首
通訊處	仝上
介紹人	陳洪濤 柳亞子
年月日	六年七月二日

0932. 顧 珩

0932.顧珩（1880—1953），字依仁，江蘇吳江(今蘇州市吳江區)人。1917年7月5日由沈昌眉介紹入社，入社書編號932。曾任上海商務印書館編輯，參與編輯《常識小叢書》。20世紀30年代初曾爲上海民立中學教員。

南社社友錄

南社入社書

姓名	顧珩 字依仁
年歲	三十八
籍貫	吳江縣
居住	同里章家浜
通訊處	仝上
介紹人	沈眉若
年月日	丁巳七月五日

0933. 趙丙麟

0933.趙丙麟（1882—？），字臺生，湖南湘潭人。1917年7月9日由方旭芝介紹入社，入社書編號933。

南社入社書

姓名	趙丙麟字臺生
年歲	三十六歲
籍貫	湖南湘潭縣
居住	湘潭都昌鎮井子衕
通訊處	湘潭正十八總慶豐錢號
介紹人	方榮杲
年月日	六年七月九號

0934. 李鍾瑤

0934.李鍾瑤（1884—？），女，字華書，上海人。1917年7月由其丈夫費龍丁介紹入社，入社書編號934。

南社入社書

姓名	李鍾瑤　華書
年歲	三十四
籍貫	上海
居住	松江平橋弄
通訊處	同上 或崑山平泉書屋
介紹人	龐丁
年月日	六年七月

0935. 董書城

0935. 董書城（1867—？），字蓉申，也作蓉生，號亦廬，江蘇吳江（今蘇州市吳江區）人。1917年7月16日由沈昌直介紹入社，入社書編號935。1916—1920年間與沈昌眉、昌直兄弟等人成立分湖詩社。

南社社友錄

南社入社書

姓名	盧亦弁 號別 成城 書董
年歲	五十一歲
籍貫	吳江
居住	蘆墟
通訊處	蘆墟南市檀家橋堂前
介紹人	沈穎若
年月日	六年七月十六日

0936. 趙逸賢

0936.趙逸賢(1880—？),字朗齋,號念夢,江蘇丹徒(今鎮江市丹徒區)人。1917年7月16日由柳亞子、姜可生介紹入社,入社書編號936。

南社入社書

姓名	趙逸賢 字朗齋 號念夢
年歲	三十歲
籍貫	江蘇省丹徒縣
居住	鎮江大港鎮
通訊處	鎮江大港趙宅
介紹人	柳亞子 姜可生
年月日	民國六年七月十六日

0937. 袁天庚

0937. 袁天庚（1866—？），字夢白，別號無耳尊者，浙江紹興人。1917 年 7 月由葉玉森介紹入社，入社書編號 937。

南社入社書

姓名	袁天庚 字夢白 別號無 耳尊者
年歲	五十二
籍貫	浙江紹興
居住	廣寧橋 紹興城內
通訊處	安慶首長 公署蚌埠 安徽軍行 署秘書處
介紹人	葉楚傖
年月日	民國六年 七月

0938. 張爾鼎
0939. 張爾泰

0938. 張爾鼎（1882—？），字定九，江蘇松江（今上海市松江區）人。1917年7月24日由費龍丁介紹入社，入社書編號938。

0939. 張爾泰（1890—1938），字思九，號癡鳩，又號叔耐，江蘇松江（今上海市松江區）人，張爾鼎之弟。1917年7月24日由費龍丁介紹入社，入社書編號939。早年畢業於松江府中學堂，在南開大學肄業後加入中國同盟會。1919年赴新加坡主持《新國民日報》筆政，兼任華僑公會會長及華僑公學名譽校長。1923年任廣東北伐大本營咨議，被派任駐新加坡海外文化宣傳部主任。著有《載如錄存》。

南社社友錄

南社入社書

姓名	張禹鼎 定九 張禹泰 思九 二癡鳩
年歲	三十五 二十七
籍貫	松江
居住	松江里仁弄西
通訊處	同上
介紹人	龍丁
年月日	六年七月廿四日

0940. 桑　伊
0941. 桑祖欽

0940.桑伊（1890—？），字伯尹，號白鷹，江蘇松江（今上海市松江區）人。1917年7月24日由費龍丁介紹入社，入社書編號940。

0941.桑祖欽（1893—？），字仲明，江蘇松江（今上海市松江區）人，桑伊之弟。1917年7月24日由費龍丁介紹入社，入社書編號941。

南社社友錄

南社入社書

姓名	伊 伯尹 一曰鷹 祖欽 仲明　桑 桑
年歲	八 廿五　廿八
籍貫	松江
居住	松江黑仁再西
通訊處	同上
介紹人	龐丁
年月日	六年七月廿四日

0942. 曹惟善

0942.曹惟善（1893—？），字劍光，江蘇松江（今上海市松江區）人。1917年7月24日由費龍丁介紹入社，入社書編號942。

南社社友錄

南社入社書	
姓名	曹惟善 劍光
年歲	二十五
籍貫	松江
居住	松江城內艾家橋
通訊處	仝上
介紹人	龐丁
年月日	六年七月廿四

0943. 李逢鈞

0943.李逢鈞（1900—？），字相甫，上海人。1917年7月24日由費龍丁介紹入社，入社書編號943。

南社社友錄

南社入社書

姓名	李逢鈞 相甫
年歲	十八
籍貫	上海
居住	崑山
通訊處	崑山 平泉書屋
介紹人	龐丁
年月日	六年七月廿四日

0944. 葉與驥

0944. 葉與驥（1877—？），號仲孫，江蘇吳江(今蘇州市吳江區)人。1917年7月24日由顧珩、龐竹孫介紹入社，入社書編號944。

南社入社書

姓名	葉與驥 號仲裕
年歲	四十一
籍貫	吳江
居住	同里心田地
通訊處	同上
介紹人	顧龐竹孫 珩
年月日	六年七月當

0945. 沈天民

0945. 沈天民（1884—？），字覺人，江蘇吳江（今蘇州市吳江區）人。1917年7月由柳亞子、陳洪濤介紹入社，入社書編號945。民初任教於蘇州桃塢中學，後任吳江縣第一初等小學校長。

南社入社書

姓名	沈天民 覺心
年歲	三十四歲
籍貫	吳江
居住	黎里新橋東
通訊處	福州橄欖中學
介紹人	柳亞子　陳屺鑫 即鴻濤
年月日	民國六年七月

0946. 徐　浦

0946.徐浦（1895—？），一名問禮，字孟廉，號劍珠，江蘇吳江（今蘇州市吳江區）人。1917年7月30日由朱劍芒、陳洪濤介紹入社，入社書編號946。

南社入社書

姓　名	徐浦　孟廉一字劍珠
年　歲	二十三歲
籍　貫	江蘇吳江
居　住	蘇州桃花塢新椰弄
通訊處	蘇州桃花塢桃塢中學校
介紹人	朱劍芒　陳供濤
年月日	民國六年又月二十日

0947. 唐春森

0947.唐春森（？—？），字蔭庭，號夢吟，廣西桂林人。1917年7月31日由張搏九介紹入社，入社書編號947。

南社社友录

南社入社書

姓名	唐春森 號蔭庭 字蔭梦
年歲	
籍貫	廣西桂林
居住	桂林西城腳德蔭堂
通訊處	仝上
介紹人	張搏九
年月日	六年七月卅一日

0948. 淩光謙

0948. 淩光謙（1899—1974），字誦益，號吉六，別署結緑，江蘇吳江（今蘇州市吳江區）人。1917年8月4日由費榮錦介紹入社，入社書編號948。

南社社友錄

南社入社書

姓名	凌吉占 结缘
年歲	十九
籍貫	江蘇吳江
居住	吳江䒩塔
通訊處	上海聖約翰大學校 蘇州䒩塔凌發茂坊
介紹人	費織雲
年月日	六年八月四日

0949. 施 準

0949.施準（1896—？），字士則，江蘇常熟人。1917年8月10日由馮心俠、許競存、俞鍔介紹入社，入社書編號949。

南社社友錄

南 社 入 社 書

姓名	施準 號士則
年歲	二十二歲
籍貫	江蘇常熟
居住	太倉璜涇
通訊處	太倉璜涇馮宅
介紹人	馮平　許競存　俞鍔
年月日	中華民國六年八月十日

1883

0950. 徐嘯亞

0950.徐嘯亞（1886—1941），字天嘯，別署秋槐室主、天涯淪落人，江蘇常熟人。1917年8月28日由姚民哀介紹入社，入社書編號950。1912年入《民權報》社主筆政，主管社說及評論。1914年創辦《小說叢報》，曾主持《黃花旬報》筆政。後在廣州主編《大同日報》。著有《湖上百日記》、《鴛鴦夢》、《太平建國史》、《天嘯殘墨》、《天涯淪落人印話》等。

南社入社書

姓名	徐嘯亞 字天嘯
年歲	三十二歲
籍貫	江蘇常熟
居住	常熟城內潤墩
通訊處	上海三馬路小說叢報社
介紹人	姚民哀
年月日	民國六年八月廿八日

0951. 徐　覺

0951. 徐覺（1889—1937），字枕亞，別署徐徐、辟支、眉子等，江蘇常熟人。1917 年 8 月 28 日由姚民哀介紹入社，入社書編號 951。1912 年由其兄嘯亞介紹應聘爲《民權報》新聞編輯，所作小說《玉梨魂》連載於《民權報》副刊。1914 年 5 月與劉鐵冷等集資創辦《小說叢報》，任主編。1918 年《小說季報》月刊創刊於上海，任編輯、發行人。1922 年與許廑父主編《小說日報》。1925 年"五卅"慘案發生後，任常熟市民聲援滬案委員會執行委員。著有《玉梨魂》、《雪鴻淚史》、《秋之魂》、《余之妻》、《泣珠記》、《雙鬢記》、《讓婿記》等。

南社入社書

姓名	徐覺 字枕亞
年歲	二十九歲
籍貫	江蘇常熟
居住	常熟城內潤墩
通訊處	上海䧹路小說叢報社
介紹人	姚民哀
年月日	民國六年八月廿八日

0952. 崔鎔深

0952. 崔鎔深（1867—1925），一作榮申，字迅沈，號柳湖，江蘇下邳（今睢寧縣古邳鎮）人。1917年8月29日由周公權介紹入社，入社書編號952。1897年在古邳創辦嶧陽小學堂，任校長。1905年任瑤灣天後宮小學校長，同年加入中國同盟會。1906年邳州教育會成立後，當選爲首任會長。1915年被選爲瑤灣商會會長。1917年任江蘇省立徐州第七師範學校教員兼舍監。1921年當選爲江蘇省第三屆省議會議員。1922年在古邳創辦明新中學。

南社社友錄

南社入社書

姓名	崔鎔深　字迅沈　號柳湖
年歲	五十歲
籍貫	下邳
居住	柳湖
通訊處	瑤灣商會
介紹人	周公權
年月日	六八二九十

0953. 沈圻

0953. 沈圻（1893—？），字重威，江蘇吳江（今蘇州市吳江區）人。1917年8月由沈志儒介紹入社，入社書編號953。

南 社 入 社 書	
姓名	沈圻重
年歲	二十五歲
籍貫	吳江
居住	同里道士埭
通訊處	吳江南門外江二國民學校
介紹人	沈志儒
年月日	中華民國六年八月

0954. 張　農

0954. 張農（1877—1927），原名肇甲，字都金、多金，號鼎齋，別署蓬廬，江蘇吳江(今蘇州市吳江區)人。1917年9月3日由陳洪濤介紹入社，入社書編號954。1916年任黎里縣立第一女子小學高小部國文教員。1918—1919年曾任柳公權塾師。有詩集《葫蘆吟草》。

南社社友錄

南社入社書

姓名	金都 張農
年歲	肆拾歲
籍貫	吳江
居址	黎里市 葫蘆兜
通訊處	黎里市立第一女子高小 葫蘆兜 張宅
介紹人	陳洪濤 [印] [印]
年月日	陸年九月三日

0955. 林素瑛

0955.林素瑛（1896—？），女，字慧如，江蘇丹陽人。1917年9月3日由柳亞子介紹入社，入社書編號955。

南社入社書

姓名	林素瑛 慧如
年歲	念二歲
籍貫	丹陽
居住	丹陽
通訊處	丹陽東門
介紹人	柳亞子
年月日	中華民國陸年九月三日

0956. 丘新榮

0956.丘新榮（1896—？），字辛梅，廣東梅縣(今梅州市梅縣區)人。1917年由何震生介紹入社，入社書編號956。

南社社友錄

南社入社書

姓名	丘新榮 辛梅 Miss S. Y. Chiu.
年歲	二十二
籍貫	廣東梅縣
居住	爪哇 16/2104 Petekoan 吧城 Batavia Java.
通訊處	仝上
介紹人	何震生
年月日	民國六年

0957. 王念祖

0957.王念祖（1894—？），字筱瀛，號笑影，浙江紹興人。1917年9月由黃復介紹入社，入社書編號957。

南社入社書	
姓名	王念祖字筱瀛別字笑影
年歲	二十四
籍貫	浙江紹興
居址	紹興城內小保佑橋
通訊處	同上
介紹人	病蝶黃復
年月日	六年九月

0958. 吳 惜

0958. 吳惜（1898—1949），字綺緣，一字起原，筆名天貓、冷紅女士，江蘇武進（今常州市武進區）人。1917年9月5日由姚民哀介紹入社，入社書編號958。早年在《小說月報》發表《冷紅日記》，後又在《小說叢報》連載短篇小說《反聊齋》。20世紀20年代初在《解放畫報》、《星光》、《小說新報》等雜誌發表短篇小說《偶鬼》，長篇小說《軍閥混戰記》、《奇人奇事錄》等。

南社社友錄

南社入社書

姓名	吳惜字綺緣
年歲	二十歲
籍貫	江蘇武進
居住	上海北成都路武昌里五百三十三號
通訊處	同上
介紹人	姚民哀
年月日	民國六年九月五号

0959. 馮國鑫

0959. 馮國鑫（1883—1920），字一帆，又字一範，號靈南，江蘇常熟人。1917年9月21日由姚民哀介紹入社，入社書編號959。早年入東京法政大學法科，並加入中國同盟會。民初任江蘇省武進縣檢察廳廳長，後升任江蘇省高等檢察分廳監督官。1917年任職於浙江省第一高等審判庭分廳。著有《馮氏家譜》、《宣城秋雨錄》、《現代新刑律詳解》、《白蘋香館詩抄》、《靈南詩抄》等。

南社入社書

姓名	馮國鑫 一帆 靈甸
年歲	三十五
籍貫	常熟
居住	常熟
通訊處	寶昌路一九二
介紹人	姚民哀
年月日	六年九月二十一日

0960. 張國權

0960. 張國權（1898—？），字秋爽，浙江嘉善人。1917年9月21日由何震生介紹入社，入社書編號960。

南社入社書

姓名	張國權 秋爽
年歲	二十歲
籍貫	加善
居住	城內
通訊處	江蘇金山縣廊下鎮電利行
介紹人	何雲生
年月日	民國六年陽曆九月念壹号

0961. 林　梧

　　0961. 林梧（1892—？），字友琴，江蘇丹陽人。1917年9月21日由林素瑛、王立佛介紹入社，入社書編號961。

南社社友錄

南社入社書

姓名	林梧 字友琴
年歲	念六歲
籍貫	江蘇丹陽
居住	丹陽虹橋
通訊處	丹陽潤章祥綢緞號
介紹人	林慧如 王主佛
年月日	中華民國六年九月廿一日

0962. 沈鳳章

0962. 沈鳳章（1894—？），字君懷，浙江嘉善人。1917年9月23日由郁佐梅介紹入社，入社書編號962。

南社社友錄

南社入社書

姓名	沈鳳章 字月懷
年歲	四十歲
籍貫	嘉善
居住	嘉善大雲寺西庄
通訊處	同居住 嘉興高等第二校盛雲鎮
介紹人	郁佐梅
年月日	民國二年三月卅日

0963. 余 銘

0963. 余銘（1883—？），女，字義華，江蘇奉賢（今上海市奉賢區）人。1917年9月23日由柳亞子介紹入社，入社書編號963。

南社社友錄

南社入社書

姓名	余 銘 字義華
年歲	三十五歲
籍貫	江蘇奉賢
居住	松江東門內下塘
通訊處	北京小石䭾林井吳宅
介紹人	柳亞子
年月日	民國六月九月廿三日

1911

0964. 李熙謀

0964. 李熙謀（1894—1975），號振吾，浙江嘉善人。1917年9月27日由郁佐梅介紹入社，入社書編號964。早年留學美國康奈爾大學和哈佛大學，獲哈佛大學博士學位。回國後歷任浙江大學理工學院院長、暨南大學理學院院長。抗戰勝利後任上海市教育局副局長、局長。著有《通俗科學》等。

南社社友錄

南社入社書

姓名	李熙謀 字振吾
年歲	廿四歲
籍貫	浙江加善
居住	西塘
通訊處	美國康納百大學
介紹人	郁佐楫
年月日	元年九月廿七日

0965. 周樹奎

0965.周樹奎（1873—1936），字桂笙、桂生，號新盦、新庵，又作辛盦、辛庵，別署辛、新、新新子、知新子等，上海人。1917年9月28日由朱宗良介紹入社，入社書編號965。早年入上海廣方言館，後肄業於上海中法學堂。曾兩度東遊日本。1900年發表童話譯作《新庵諧譯初編》（內有文學名著《一千零一夜》等）。1906年秋發起成立譯書交通公會，自任《月月小說》翻譯編輯。1912年協助李懷霜編輯《天鐸報》。著有隨筆《新庵五種》、《新庵九種》、《新庵譯萃》、《新庵筆記》，譯有《海底沉珠》、《紅痣案》、《毒蛇圈》、《八寶匣》、《失女案》、《福爾摩斯再生案》等，另著有科幻小說《地心旅行》、《飛往木星》等。

南社社友錄

南社入社書

姓名	周樹奎 盧新歸別笙桂字
年歲	年四十五歲
籍貫	江蘇上海
居住	上海閘北中公益里一六二號
通訊處	上海怡泰輪船公司
介紹人	民國日報朱無射
年月日	民國六年九月廿八日

1915

0966. 張　恒

0966. 張恒（1891—1968），字久之，江蘇吳江(今蘇州市吳江區)人。1917年9月29日由沈次約、黃復、陳洪濤介紹入社，入社書編號966。

南社社友錄

南社入社書

姓名	張恒 久之
年歲	念陸
籍貫	江蘇吳江
居住	蘇州梨里
通訊處	同上　蘇州梅恒 节一中学
介紹人	陳洪濤　黃病蝶　沈劍霜
年月日	陸年九月廿九

0967. 吳　淇

0967. 吳淇（1897—？），字敏於，號茗餘，江蘇吳江(今蘇州市吳江區)人。1917年9月29日由柳亞子、王大覺介紹入社，入社書編號967。

南社社友錄

南社入社書

姓名	吳淇敏
年歲	二十一
籍貫	吳江
居住	平望前街
通訊處	平望前街八房團 平望珠聯寺第一女校轉
介紹人	柳亞子　王大覺
年月日	六年九月二十九日

0968. 邱庚藻

0968. 邱庚藻（1891—？），字糾生，江蘇吳江(今蘇州市吳江區)人。1917年9月29日由柳亞子、黃復介紹入社，入社書編號968。

南社社友錄

南社入社書

姓名	邱庚藻 竹生
年歲	二十七
籍貫	吳江
居住	盛澤衣家橋
通訊處	盛澤廟橋弄縣立第○高小
介紹人	柳亞子 黃病蝶
年月日	民國六年九月二十九日

0969. 范 鏞

0969.范鏞（1894—1967），字味韶，號煙橋，別署含涼、鷗夷、西灶、愁城俠客等，江蘇吳江（今蘇州市吳江區）人。1917年9月30日由凌景堅、黃復介紹入社，入社書編號969。1907年入同川公學，師從金松岑習文、史、地、小說。1911年入蘇州草橋中學，與友人結"同南社"。與同鄉張聖瑜刻油印刊物《元旦》，後易名《惜陰》，再改名《同言》，系吳江報紙之首創。1913年肄業南京民國大學商科，因"二次革命"學校遷滬，他輟學從教。曾任八坼小學教員、八坼鄉學務委員，吳江縣勸學所勸學員，吳江縣第二高等小學、第一女子小學教員。1921年初，在同里創辦《吳江》報。1928年經陳去病介紹在持志大學兼授小說，後又在東吳大學及其附中兼教。1936年先後任明星影片公司文書科長、金星影業公司文書。為國華影業公司編電影劇本《亂世英雄》、《西廂記》、《秦淮世家》、《三笑》、《無花果》、《解語花》等。1938年任《文匯報》秘書。抗戰勝利後，《文匯報》復刊，他又任職於報社總務部兼編輯，同時主編《文匯畫報》，又與王亢元發行《新紀元》週刊。1947年在家鄉籌辦仁美初級中學。1949年蘇州解放，被選為蘇州各界人民代表會議代表。1952年任教於蘇州高級中學，並曾任該校工會主席。1955年任江蘇省第一屆政協委員、蘇州市文化處處長。1956年參加中國民主促進會，同年被推為江蘇省文聯副主席。1958年改任蘇州市文管會副主任。著有《茶煙歇》、《鷗夷室雜綴》、《中國小說史》、《吳江縣鄉土誌》、《民國舊派小說史略》、《孤掌驚鳴記》等。

南社社友錄

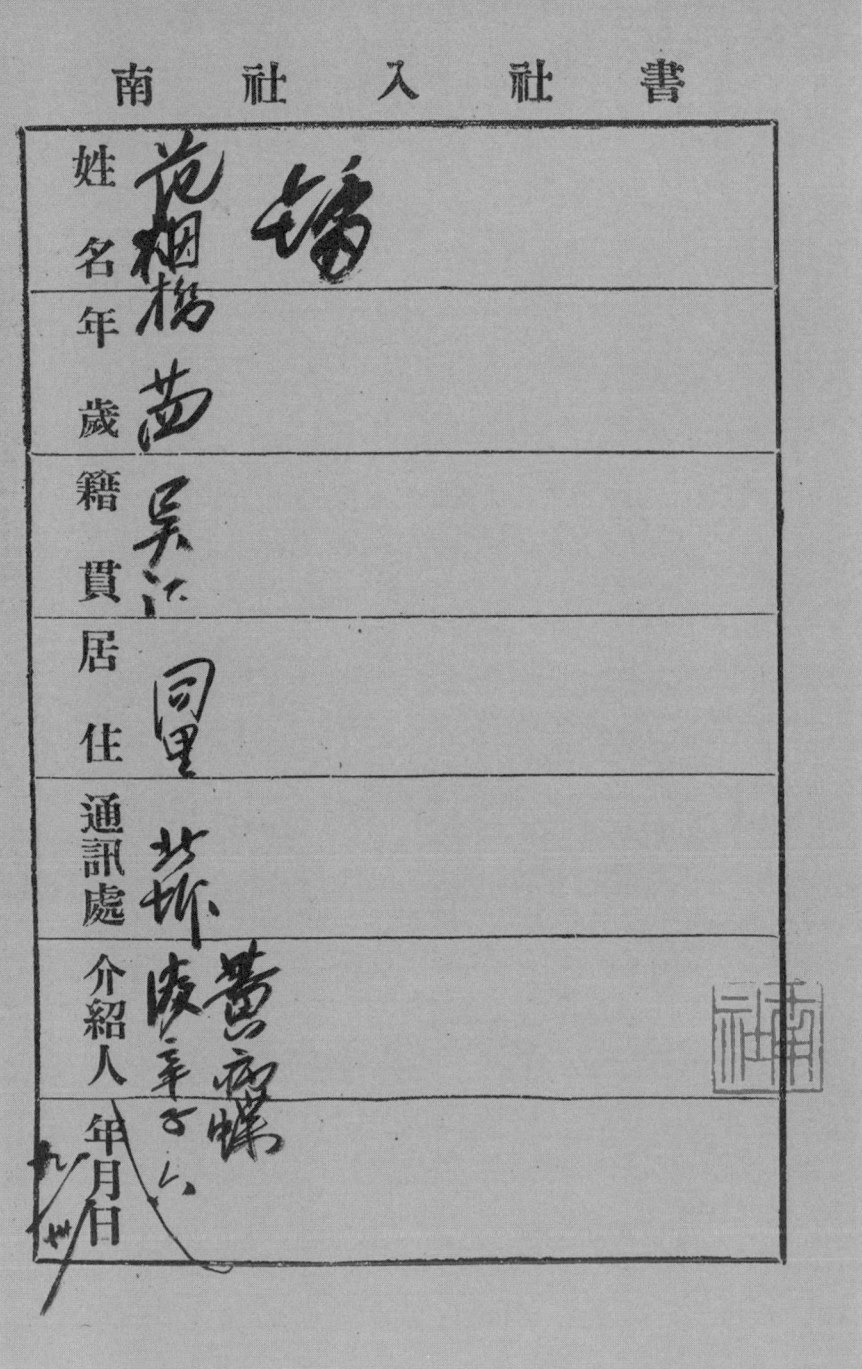

0970. 張志修

0970. 張志修（1891—？），字身立，江蘇嘉定（今上海市嘉定區）人。1917年9月30日由沈覺人、徐浦介紹入社，入社書編號970。

南社入社書

姓名	張志惰　號身立
年歲	二十七
籍貫	嘉定
居住	鎮橫仙望官嘉
通訊處	蘇州桤塢中學
介紹人	徐孟廉　沈天民
年月日	民國六年九月卅日

0971. 沈文烱

0971. 沈文烱（1867—1948），字祥之，號中路，別署翠娛，江蘇吳江（今蘇州市吳江區）人。1917年9月由沈志儒介紹入社，入社書編號971。1902年與金松岑創辦同川學校及體育會。1905年創辦正則小學，後與任味知同創麗則女學，任校長。著有《翠娛堂野乘》。

南社社友錄

南社入社書

姓名	沈文炯 字中路
年歲	五十一歲
籍貫	江蘇吳江
居住	同里市紅塔埭
通訊處	司中街門外兵馬北菜宣武 市紅塔埭 吳江同里
介紹人	沈大椿
年月日	民國六年九月日

0972. 邵延庚

0972. 邵延庚（1899—？），字少周，江蘇淮安人。1917年9月30日由周偉、張冰、劉去非介紹入社，入社書編號972。

南社社友錄

南社入社書

姓名	周少庚 字 延卿
年歲	十九
籍貫	淮安
居住	車橋
通訊處	仝
介紹人	張冰 周偉 劉去非
年月日	民國六年九月三十日

0973. 於秉衡

0973. 於秉衡（1890—？），以字行，江蘇淮安人。1917年9月30日由周偉、張冰、劉去非介紹入社，入社書編號973。

南社社友錄

南社入社書

姓名	於秉衡　字秉衡
年歲	二十八
籍貫	淮安
居住	城內東門街
通訊處	全
介紹人	周偉　張氶　劉表棻
年月日	六年九月三十日

南社社友錄

0974. 張端瀛

0974. 張端瀛（1877—？），字蓬洲，江蘇松江（今上海市松江區）人。1917年9月由張雲林介紹入社，入社書編號974。

南社入社書

姓名	張端瀛 蓬洲 [印][印]
年歲	四十一
籍貫	松江縣
居住	南塘
通訊處	南塘垣鎮轉松江張
介紹人	張雲林
年月日	丁巳九月

南社社友錄

0975. 阮尚臧

0975.阮尚臧（？—？），字儘仁，江蘇奉賢（今上海市奉賢區）人。1917年9月由吳修源介紹入社，入社書編號975。

南社社友錄

南社入社書

姓名	阮尚咸 億仁
年歲	
籍貫居住	江蘇奉賢
通訊處	北京小卌小井吳宅
介紹人	吳省三
年月日	六年九月

0976. 鄭中烔

0976. 鄭中烔（？—？），字華中，福建閩侯人。1917年9月由吳修源介紹入社，入社書編號976。

南社社友錄

南社入社書

姓名	鄭中烱 中華
年歲	
籍貫居住	福建同安
通訊處	長春吉長路局
介紹人	吳省三
年月日	六年九月

0977. 許慶炳

0977. 許慶炳（？—？），字彪如，福建閩侯人。1917年9月由吳修源介紹入社，入社書編號977。

南社社友錄

南社入社書

姓名	許慶炳 彪卿
年歲	
籍貫	福建同安
居住	
通訊處	慶材 陪仲 九號 西三十 日府下 此辛震
介紹人	吳省三
年月日	六年九月

0978. 陸福庭

0978. 陸福庭（1885—1960），又名嘉佑，字心亘，安徽靈璧人。1917年10月由徐世階、陳心冷介紹入社，入社書編號978。1912年入保定陸軍軍官學校炮科，畢業後歷任安徽陸軍督練公署教習、北京陸軍大學教官、陸軍炮兵團團長等職。1917年參與黃埔軍校籌建，任籌建委員會委員，並擔任該校首期教官。1925年2月任國民革命軍東征軍團長、旅長，率軍自廣州東征惠州、潮、汕及東江一帶。後歷任津浦鐵路管理局局長、隴海鐵路管理局局長等職。抗日戰爭期間曾被選爲國民黨中央執行委員；抗戰勝利後曾任第一屆國民大會代表及交通部顧問。著有《交通戰史》。

南社社友錄

南社入社書	
姓名	陸福庭字心亞
年歲	三十二
籍貫	安徽雲壁
居住	徐州浚濟鎮
通訊處	徐州浚濟鎮陸宅
介紹人	徐希平 陳全山
年月日	六年十月

0979. 趙修五

0979.趙修五（1889—？），字慎之，江蘇銅山（今徐州市銅山區）人。1917年10月由徐世階、王慶康介紹入社，入社書編號979。

姓名	趙修五字慎之
年歲	二十九
籍貫	江蘇銅山
居住	徐州城北馬清坡
通訊處	徐州北門街吳池盛德
介紹人	徐希平 王壽民
年月日	六年十月

0980. 束詠功

0980. 束詠功（1887—？），字頌平，號疏園，江蘇丹陽人。1917年10月1日由姜可生介紹入社，入社書編號980。

南社入社書

姓名	束詠功字頌平一字疏園
年歲	三十一歲
籍貫	江蘇丹陽人
居住	城內許廟巷
通訊處	同上
介紹人	姜可生
年月日	民國六年十月一日

0981. 魏鍾冀

0981. 魏鍾冀（1894—？），字樾年，號逸農，江蘇丹陽人。1917年10月1日由姜可生介紹入社，入社書編號981。

南社社友錄

南社入社書

姓名	魏鍾糞字樾年一字逸農
年歲	二十四歲
籍貫	江蘇丹陽人
居住	城內太平橋
通訊處	太平橋益壽堂藥號內
介紹人	姜可生
年月日	民國六年十月一日

0982. 周頌南

0982. 周頌南（1888—？），字一風、一峰，江蘇淮安人。1917年10月3日由張冰、劉去非、王鼎介紹入社，入社書編號982。

南社社友錄

南社入社書

姓名	周頌南 字一風
年歲	三十歲
籍貫	淮安
居住	車橋
通訊處	車橋
介紹人	張冰　劉玄非　王瓞
年月日	民國六年十月三日

0983. 許藻青

0983.許藻青（1896—？），字福初，江蘇青浦（今上海市青浦區）人。1917年10月5日由沈覺人、徐浦、朱劍芒介紹入社，入社書編號983。

南社入社書

姓名	許藻青 韓福初
年歲	二十二
籍貫	江蘇青浦
居住	青浦白鶴港
通訊處	學校 桃塢中 徐孟鹿 日五日 蘇州 沈天民 六年十 朱劍芒
介紹人	
年月日	

0984. 胡洪湛

0984.胡洪湛（？—？），字硯鋤，號一廬，江蘇南匯（今上海市浦東新區）人。1917年10月5日由顧敩、朱壽菣介紹入社，入社書編號984。

南社社友錄

南社入社書

姓名	胡俊湛 字硯鋤 号一盧
年歲	
籍貫	江蘇南匯
居住	浦東新場
通訊處	新場鎮胡粉民茶号
介紹人	顧榆青　朱昰蔭
年月日	六年十月五日

0985. 宋家鉢

0985. 宋家鉢（？—？），號靜庵，江蘇奉賢（今上海市奉賢區）人。1917年10月5日由顧敩、朱壽葭介紹入社，入社書編號985。

南社社友錄

南社入社書

姓名	宋家鉢 字靜庵
年歲	
籍貫	江蘇奉賢
居住	浦東新場
通訊處	新場鎮西牌樓街
介紹人	顧榆青 朱邑藎
年月日	六年十月五日

0986. 徐　毅

0986.徐毅(1893—1962)，字弘士，號鐵兒，江蘇吳縣(今蘇州市吳中區)人。1917年10月6日由葉楚傖、王大覺介紹入社，入社書編號986。早年就讀於蘇州高等學堂，後任《民呼日報》、《民國日報》編輯。1925年3月孫中山逝世後，任國父葬事籌備處上海聯絡處書記。抗日戰爭時期先後任國民黨中央黨部文書科長、處長、專員等職。

南社社友錄

南社入社書

姓名	徐鐵兒 毅
年歲	二十五歲
籍貫	江蘇吳縣
居住	吳縣周莊鎮
通訊處	上海棋盤街民國日報 蘇州閶門外周莊鎮城隍廟
介紹人	葉楚傖 王大覺
年月日	民國六年十月六日

0987. 吳儂

0987. 吳儂（1894—約1948），原名庭表，字長壽，號抗雲，江蘇吳江(今蘇州市吳江區)人。1917年10月10日由王大覺介紹入社，入社書編號987。1911年曾受業於沈昌眉、沈昌直兄弟。有《分波行吟草》、《婉芳集》。

南社社友錄

南社入社書

姓名	吳儂 字抗雲
年歲	二十四
籍貫	江蘇吳江
居住	蘇州蘆墟鎮
通訊處	蘇州蘆墟鎮
介紹人	王德鍾 大覺
年月日	民國六年雙十節

南社社友錄

0988. 歐陽立袁
0989. 歐陽立裴

歐陽立袁

0988. 歐陽立袁（1889—1962），字予倩，號小草，又號南傑，藝名蓮笙、蘭客，筆名春柳、桃花不疑庵主，湖南瀏陽人。1917年10月20日由徐浦介紹入社，入社書編號988。1903年留學日本，先後入成城學校、明治大學、早稻田大學文科。1907年與曾孝穀、李叔同等創立中國最早的新劇團體春柳社，並在東京參加《黑奴籲天錄》和《熱血》等新劇的演出。1911年在長沙組織文社劇團，宣導新劇運動。1912年3月與陸鏡若等在上海成立新劇同志會、春柳劇場等新劇團體。1916年起投身京劇事業，演出京劇10餘年，先後編演了《黛玉葬花》、《晴雯補裘》、《人面桃花》等。1919年與姜丹書、豐子愷等成立中華美育會。1921年5月與沈雁冰、熊佛西等成立民眾戲劇社，創辦《戲劇》雜誌。1926年加入南國社，並進入電影界。1929年創辦廣東戲劇研究所，任所長。1931年加入中國左翼戲劇家聯盟。抗日戰爭爆發後任上海文化界救亡協會理事，組織中華劇團，並參加周信芳的移風社，編寫京劇《梁紅玉》等宣傳抗日。1939年任廣西藝術館館長兼桂劇團團長，主持了西南戲劇聯展會。1945年在重慶參加中國民主同盟。新中國成立後歷任中央戲劇學院院長、中央實驗話劇院院長，並當選為中國文學藝術界聯合會副主席、中國戲劇家協會副主席及中國舞蹈家協會主席。著有《自我演戲以來》、《一得餘抄》、《話劇、新歌劇與中國戲劇藝術傳統》以及《黑奴恨》、《天涯歌女》等話劇劇本20餘部。

0989. 歐陽立裴（1894—？），字劍叔，號寒鋒，湖南瀏陽人，歐陽立袁之弟。1917年10月20日由徐浦介紹入社，入社書編號989。

南社入社書

姓名	歐陽立袁 字予倩 又字小蛃 歐陽立裴 字劍蛃 又字寒鋒
年歲	予倩 二十九歲 劍蛃 二十四歲
籍貫	湖南長沙府瀏陽縣
居住或	上海東棋盤街湘鋕公 瀏陽雲盤本宅
通訊處	上海東棋盤街湘鋕公牛莊汽 船公司曾醒亞先生轉交
介紹人	徐劍珠 孟廉
年月日	六年十月二十日

0990. 周安元

0990. 周安元（1873—？），字善伯，浙江紹興人。1917年10月22日由孫仲瑛介紹入社，入社書編號990。

南社入社書

姓名	周安元 字伯善
年歲	四十五
籍貫	浙江紹興縣
居址	廣東省垣粵秀街
通訊處	粵秀街叢秀坊二號
介紹人	孫仲瑛
年月日	六年十月二十號

0991. 平茂玉

0991. 平茂玉（1894—1964），亦名懋玉，字劍南，號琢庵，江蘇吳江（今蘇州市吳江區）人。1917年11月1日由淩景堅、朱劍芒介紹入社，入社書編號991。1917年加入酒社，後又加入范煙橋等創組的同南社。

南社社友錄

南社入社書

姓名	王茂平 字劍南 一字琦庵
年歲	二十四
籍貫	江蘇吳江
居住	蘇州梨里天主堂東隔壁
通訊處	蘇州草塔凌莘子轉
介紹人	凌莘子 朱劍芒
年月日	民國六年十一月一日

0992. 賀 冕

0992.賀冕（1885—？），字雲俠，號雲廈，湖南華容人。1917年11月1日由卜世藩介紹入社，入社書編號992。

南社社友錄

南社入社書

姓名	賀寬 一號雲廈 號雲俠
年歲	三十三
籍貫	湖南華容
居住	華容第四市
通訊處	華容縣東 城胡生太號
介紹人	卜芸厂
年月日	六年十二月一日

0993. 劉 達

0993.劉達（1889—？），字谿公，號夢梨，別署哀梨室主，安徽桐城人。1917年11月9日由劉錦江、胡寄塵介紹入社，入社書編號993。辛亥革命時在南京擔任鐵血軍馬隊營連長、福建警備隊連長、都統副官等職。民國後擔任《新申報》等各大報撰述，在《遊戲世界》、《半月》等刊物連載小說。1921年為《新聲月刊》主要撰稿人。1924年任《心聲》半月刊主編。1928年任《戲劇月刊》主編。著有《孽海孤鴛》、《傷心》、《怨耦》、《滄桑記》等。

南社入社書

姓名	劉豁公　名達　字夢梨
年歲	貳拾玖歲
籍貫	桐城
居住	上海霞飛路
通訊處	霞飛路一九九號
介紹人	劉哲廬　胡寄塵
年月日	陸年拾壹月九日

0994. 淩 圻

0994.淩圻（1896—1928），字仰霄，號秋蟬，江蘇吳江（今蘇州市吳江區）人。1917年11月14日由朱劍芒、淩景堅介紹入社，入社書編號994。

南社入社書

姓名	凌斯 仰霄 秋蟬
年歲	二十二
籍貫	吳江
居住	同里吉利橋表衆場
通訊處	仝上
介紹人	朱劍芒 凌莘子
年月日	民國六年十月十四日

0995. 李　滌

　　0995.李滌（1889—？），字汝航，號散木，湖南湘鄉人。1917年11月15日由陳洪濤介紹入社，入社書編號995。1918年參加盛澤雅集，與柳亞子、陳去病、范煙橋、陳次青等人相應和。1926年7月曾爲吳江中學創辦人和首任校長薛公俠五十壽辰作畫致賀（薛公俠後來因反對日軍奴化教育而於1944年春慘遭日寇殺害）。1935年在吳江留有"羅山朱氏遷吳江新阡碑記"大字篆額手跡，下鑴"李滌之印"。有《散木碎金》存世。

南社社友錄

南社入社書

姓名	李溁 字汝航
年歲	二十九
籍貫	湖南湘鄉
居住	湘鄉縣城草蘿蒼
通訊處	吳江城內跨街樓
介紹人	陳屋厂
年月日	六年十一月十五日

0996. 羅人鑄

0996. 羅人鑄（1847—？），字劍農，號雲漚，四川什邡人。1917年11月15日由黃復、王念祖介紹入社，入社書編號996。

南社社友録

南社入社書

姓名	瀘雲別署農劍字鑄人羅
年歲	七拾壹
籍貫	四川什邡縣
居住	浙江紹興縣
通訊處	紹興土城區貫珠樓直街
介紹人	黃病蝶 王筱籟
年月日	中華民國六年十一月十伍日

0997. 顧舜華

0997.顧舜華（1896—？），字志瑾，浙江嘉善人。1917年11月19日由沈鳳章介紹入社，入社書編號997。

南社入社書

姓名	顧舜華 志瑾
年歲	二十二
籍貫	浙江嘉善
居住	嘉善鍾埭鎮
通訊處	鍾埭鎮殷墅學校
介紹人	沈鳳章
年月日	六年十一月十九日

0998. 李敬婉

0998. 李敬婉（1894—1984），女，字季瓊，安徽合肥人。1917年11月20日由朱少屏介紹入社，入社書編號998。畢業於上海愛國女學，曾在上海參加學生運動。

南社社友錄

南社入社書

姓名	李敬焜 號季瓊
年歲	
籍貫	安徽合肥
居址	東西華德路謙吉里478號
通訊處	本處
介紹人	朱少屏先生
年月日	六年十一月二十日

0999. 朱絡英

0999. 朱絡英（1891—？）女，安徽涇縣人。1917年11月22日由黃懺華、柳亞子介紹入社，入社書編號999。

南社社友錄

南社入社書

姓名	朱沙英
年歲	二十七
籍貫	皖涇
居住	夔游街 長德典
通訊處	同上
介紹人	柳亞子 黃慨華
年月日	民國八年十一月二十二日

1000. 劉世傑

1000. 劉世傑（1894—？），字中英，號沖虛，江蘇蕭縣（今屬安徽）人。1917年11月由徐世階介紹入社，入社書編號1000。民初曾在銅山縣江蘇省立徐州第七師範學校任教。

南社社友録

南社入社書

姓名	劉 丕 傑 　字英虛　號中冲
年歲	二十四歲
籍貫	蕭縣
居住	郝集
通訊處	銅山第七師範校（現用） 隴海路楊樓站郝集（放假）
介紹人	徐丗階
年月日	六年十一月

1001. 吳楚昌

1001. 吳楚昌（1901—？），號逸塵，安徽廬江人。1917年12月1日由朱少屏、李敬婉介紹入社，入社書編號1001。

南社社友錄

南 社 入 社 書

姓名	吳楚昌 號逸塵
年歲	十七歲
籍貫	安徽廬江縣
居址	上海東有恒路念安里840号
通訊處	本廠或澄衷中學校
介紹人	朱少屏先生 李敘婉
年月日	民國六年十二月一号

1002. 朱謙良

1002.朱謙良（1889—1952），字鳳蔚，號凡鳥，別署勁草，浙江海鹽人。1917年12月7日由葉楚傖和其弟朱宗良介紹入社，入社書編號1002。民國初年曾任浙江省議會議員。1916年供職於《民國日報》，任主筆。著有《南社影事》、《黨國人物誌》等。

南社社友錄

南社入社書

姓名	朱謙良 字鳳蔚 別字凡鳥
年歲	
籍貫	浙江海鹽
居住	海鹽
通訊處	長沙糧道街辦香廬
介紹人	葉楚傖　朱無射
年月日	六年十二月七日

1003. 喬　湘

1003.喬湘（1900—？），字士衡，號節庵，上海人。1917年12月8日由姚鵷雛、楊貽謀介紹入社，入社書編號1003。

南社入社書

姓名	喬湘 字士衡 別號節葊
年歲	一十八歲
籍貫	江蘇上海
居住	上海卅橋西市
通訊處	松江東門外黃浦涇鎮益壽药號
介紹人	姚錫鈞　楊貽謀
年月日	民國陸年拾貳月八日

1004. 王瀛洲

1004.王瀛洲（1896—？），字漢彤，號蒨士，別署眉禪，浙江會稽（今紹興）人，原籍廣東新寧（今臺山）。1917年12月9日由吳綺緣介紹入社，入社書編號1004。早年在上海《天韻日報》主筆政。撰有《俠客奇聞》等。

南社入社書

姓名	王瀛洲 字漢彤
年歲	二拾二歲
籍貫	原籍廣東新寧 寄籍浙江會稽
居住	上海北山西路泰康里 育英小學校
通訊處	仝上
介紹人	吳綺緣
年月日	六年十二月九日

1005. 徐文炳

1005.徐文炳（1892—？），女，字明麗，四川南充人。1917年12月12日由李敬婉介紹入社，入社書編號1005。

南社入社書

姓名	文炳 字明麗 (姓徐)
年歲	廿六
籍貫	四川南充
居址	上海法租界蒿路廿四号羅
通訊處	仝上
介紹人	李敬婉
年月日	六年十二月十二日

1006. 張惟聰

1006.張惟聰(1898—？),字蘊文,號彤錦,江蘇松江(今上海市松江區)人。1917年12月14日由楊貽謀、喬湘介紹入社,入社書編號1006。

南社入社書

姓名	張惟聰 字蘊文 又彤 號錦
年歲	二十歲
籍貫	江蘇省松江縣
居住	松江縣天馬山鎮
通訊處	松江西門外馬路橋西許仁元筆莊西間壁
介紹人	楊貽謀　喬湘
年月日	民國陸年拾貳月拾肆日

1007. 費　德

1007. 費德（1891—?），字仲修，江蘇吳江（今蘇州市吳江區）人。1917年12月由朱劍芒、顧悼秋介紹入社，入社書編號1007。

南社社友録

南社入社書

姓名	費燨 仲修
年歲	二十七
籍貫	吳江
居住	平望鎮
通訊處	平望 南河西
介紹人	朱劍芒 顧悼秋
年月日	民國六年十二月

1008. 謝幼支

1008. 謝幼支（1891—？），字醒持，安徽靈璧人。1918年1月4日由徐世階、陳心冷介紹入社，入社書編號1008。

南社社友録

南社入社書

姓名	謝幼支字醒持
年歲	二十八
籍貫	安徽靈壁
居住	徐州雙溝鎮
通訊處	徐州雙溝鎮謝聚順號
介紹人	徐希平 陳金山
年月日	七年一月四日

1009. 梁　民

1009. 梁民（1894—？），字一余，號樂天，廣東順德人。1918年1月5日由陸丹林介紹入社，入社書編號1009。

南社社友錄

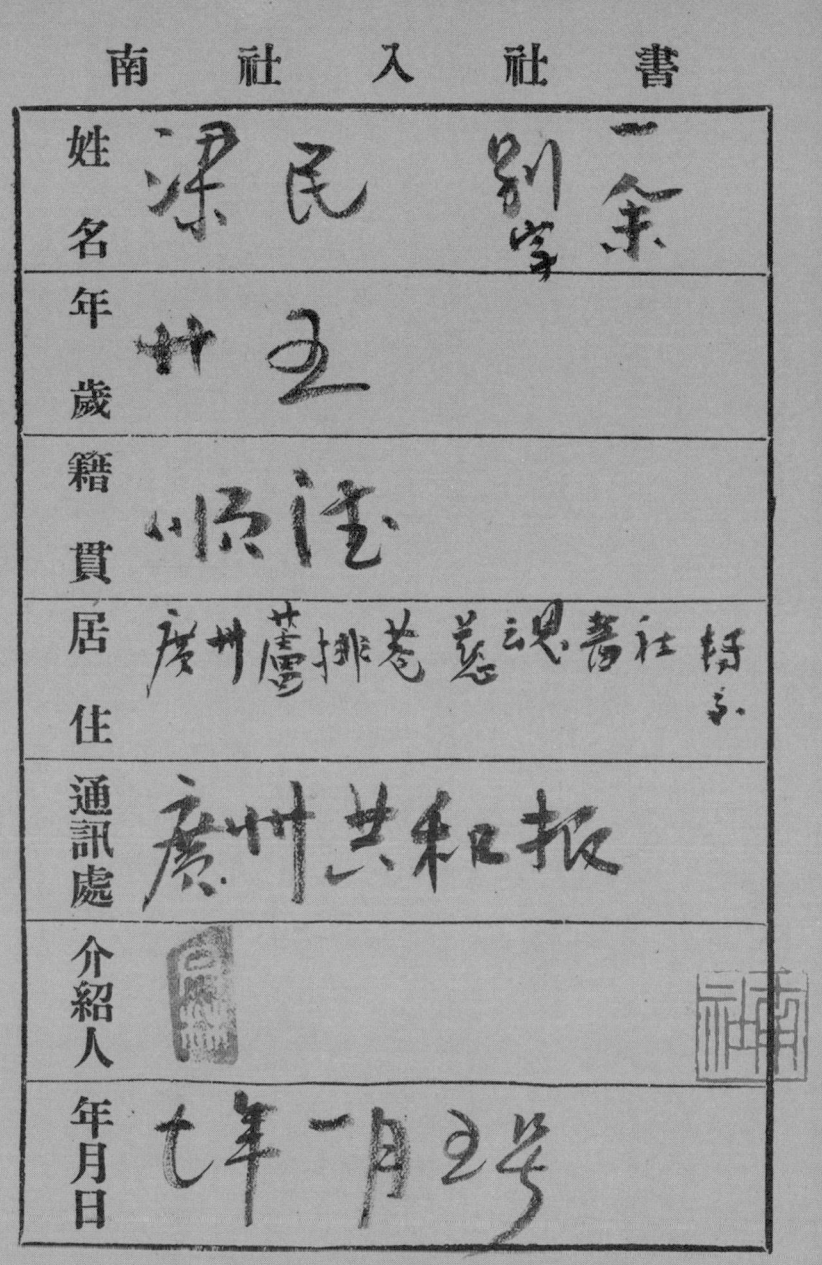

南社入社書

姓名	梁民	別字 一柔
年歲	廿五	
籍貫	順德	
居住	廣州蘆排巷慈魂書社轉交	
通訊處	廣州共和報	
介紹人		
年月日	七年一月三号	

1010. 潘　璞

1010. 潘璞（1892—？），字抱真，廣東鶴山人。1918年1月5日由陸丹林介紹入社，入社書編號1010。

南社社友錄

南社入社書	
姓名	潘璞 別字 拒真
年歲	廿七
籍貫	崔山
居住	
通訊處	廣州共和報
介紹人	
年月日	七年一月三号

1011. 陳秋霖

1011. 陳秋霖（1894—1925），原名沛霖，字獨尊，別署秋霜，廣東東莞人。1918年1月5日由陸丹林介紹入社，入社書編號1011。1921年被孫中山委任爲國民黨中央監察委員，並兼任廣州《民國日報》社長。1925年8月20日與廖仲愷一起被國民黨右派暗殺。

南社社友錄

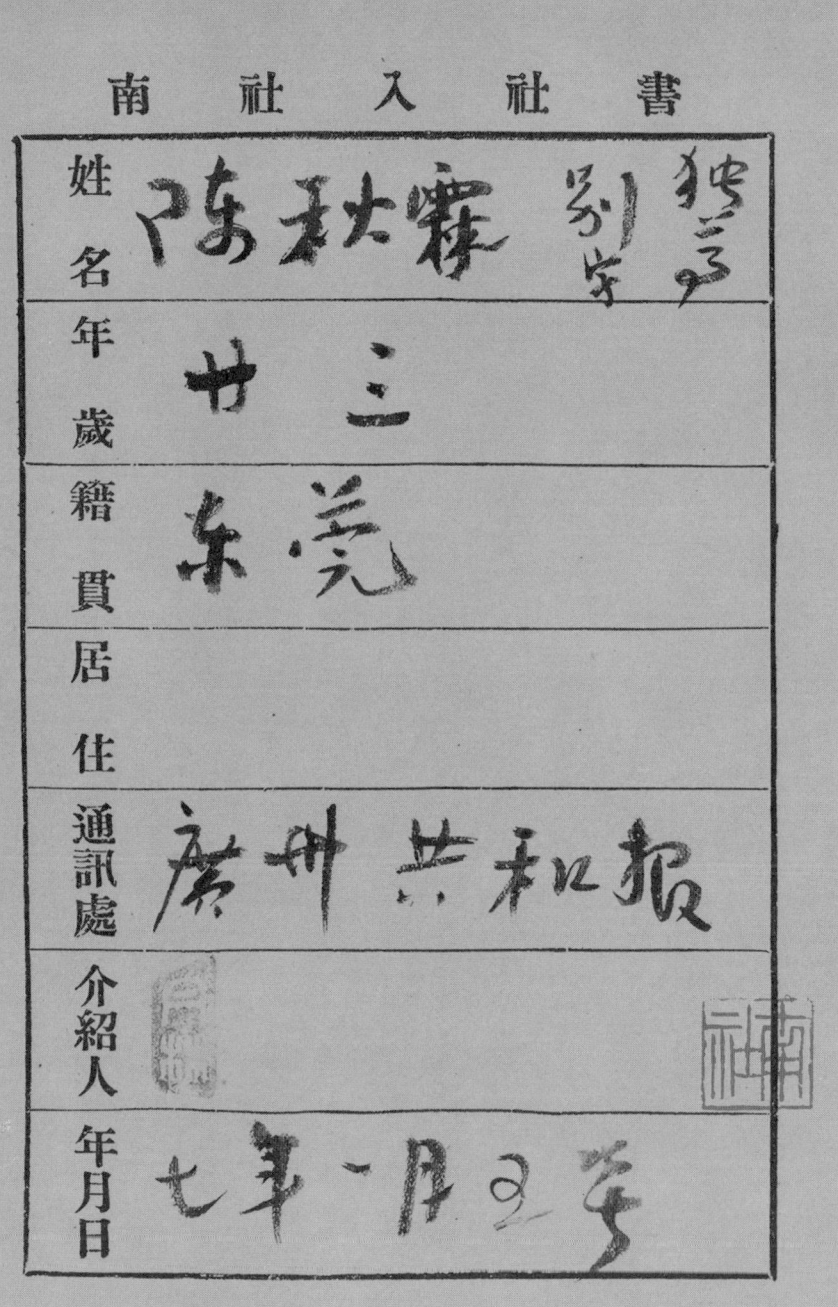

南社入社書

姓名	陳秋霖 別字 獨云
年歲	廿三
籍貫	東莞
居住	
通訊處	廣州共和報
介紹人	
年月日	七年一月五号

1012. 劉嘯東

1012. 劉嘯東（1888—？），亦名曉東，字恕庵，廣東東莞人。1918年1月5日由陸丹林介紹入社，入社書編號1012。

南社社友錄

南社入社書

姓名	劉嘯東 別字 蟄菴
年歲	卅
籍貫	東莞
居住	
通訊處	廣州共和栈
介紹人	[印]
年月日	七年一月五号

1013. 孫　鴻

　　1013.孫鴻（1889—1965），字傑生，一字翠章，號雪泥，別署華津一士、枕流居士，江蘇江寧（今南京市江寧區）人。1918年1月11日由姚民哀、張心蕪介紹入社，入社書編號1013。曾任冠生園廣告宣傳員，後自辦生生美術公司。1931年創辦圖畫書局，出版兒童讀物。曾編刊《俱樂部》等雜誌；又與錢瘦鐵、陳小蝶發起舉辦中國美術展覽會。1932年6月參與發起組織中國畫會。1934年任中國畫會執行委員、常務委員、會計幹事等職。新中國成立後任上海中國畫院畫師、中國美術家協會上海分會理事。1962年4月被聘爲上海文史研究館館員。有《雪泥詩集》行世。

南社社友錄

南社入社書

姓名	孫雪泥鴻
年歲	廿九歲
籍貫	江蘇江寧
居住	亭林
通訊處	二馬路跑馬廳
介紹人	姚民哀 張蕪心
年月日	七年一月十一日

1014. 沈　章

1014.沈章（1890—？），字東訥，江蘇松江（今上海市松江區）人。1918年1月11日由姚民哀介紹入社，入社書編號1014。民國初年任職於上海《小說叢報》社。著有《三白桃傳》、《閩語》等。

南社社友錄

南社入社書

姓名	沈東訥
年歲	二九歲
籍貫	江蘇松江
居住	上海三馬路小說畫報社
通訊處	仝上
介紹人	姚民哀
年月日	七歲一月十一日

1015. 劉鐵冷

1015. 劉鐵冷（1881—1961），原名綺，又名文楲，字漢聲，筆名鐵冷，別署松濤、鷗夢軒主，江蘇寶應人。1918年1月16日由姚民哀介紹入社，入社書編號1015。1912年主《民權報》筆政。1914年4月與蔣著超在上海創刊《民權素》雜誌，同年5月又與徐枕亞等合辦《小說叢報》。1918年後在上海青年會中學執教，任國文教員。著有《桃李姻緣》、《鬥豔記》、《求婚小史》、《官眷風流史》、《野草花》、《懼內秘記》、《四六叢話》、《鐵冷叢談》、《鐵冷碎墨》等。

南社社友錄

南社入社書

姓名	劉鐵冷
年歲	廿
籍貫	縣宜興 揚州
居住	七襄福康里西家上海
通訊處	上海三馬路四一九號小說叢報社
介紹人	姚民哀
年月日	元年十一月七年

1016. 韓佩荃

1016. 韓佩荃（1886—？），原名秩猷，字子佩，號芷佩，廣東三水（今佛山市三水區）人。1918年1月16日由劉筱雲介紹入社，入社書編號1016。

南社社友錄

筱雲婿注

南社入社書

姓名	韓佩荃	號子佩 又號荘佩
年歲	三十三歲	原名秩猷
籍貫	廣東三水縣	
居住		
通訊處	粵東省城眼鏡街廣澤堂生藥店	
介紹人	劉筱雲	
年月日	民國七年一月十六號	

1017. 徐　深

1017. 徐深（1877—？），號亦生，江西金谿人。1918年1月24日由楊賡笙、孫仲瑛介紹入社，入社書編號1017。

南社入社書

姓名	徐深 彌六生
年歲	四十二
籍貫	江西金谿
居址	原籍印山村
通訊處	暫在廣州農林試驗場
介紹人	楊咽冰 孫仲瑛
年月日	民國七年一月廿四日

1018. 王祖壎

1018.王祖壎（1898—1943），字岳麓，江蘇吳江(今蘇州市吳江區)人。1918年1月31日由陳洪濤介紹入社，入社書編號1018。

南社社友錄

南社入社書

姓名	王岳崧（祖望）
年歲	念一歲
籍貫	吳江
居住	吳江粘泾（下塘）五十九号
通訊處	仝上
介紹人	陳佗濤
年月日	七年一月廿一日

1019. 沈德鏞

1019.沈德鏞（1898—1972），字禹鐘，別署默庵、春剩，浙江嘉善人。1918年2月14日由余十眉介紹入社，入社書編號1019。早年畢業於嘉興府中學堂。1917年任職於上海商務印書館編譯所。20世紀20年代曾主持編輯《東方朔》、《社會之花》等雜誌；常爲西塘的《平川》、《鄉心》等家鄉報刊撰稿。著有《照樓詩》、《蘇州集》、《談藝錄》、《論印絕句》、《沈禹鐘小說集》等。

南社入社書

姓名	沈禹鐘 名德鐘
年歲	二十一歲
籍貫	浙江 嘉善 西塘
居住	西塘
通訊處	上海商務印書館蒙學行所 或西塘薔薇誃轉交
介紹人	余十眉
年月日	陰曆戊午元月初五日午時二日填

1020. 蔡文鏞

1020. 蔡文鏞（1897—1988），字韶聲，浙江嘉善人。1918年2月14日由余十眉、郁佐梅介紹入社，入社書編號1020。1916年曾在西塘環秀小學任教。1921年出任西塘鎮計家弄小學校長。後與江雪塍等組織胥社。1945年抗戰勝利後任西塘鎮工商聯文書。著有《靈爽集》、《春翠簃詩詞》等。

南社入社書

姓名	蔡韶聲 名文鏞
年歲	二十二
籍貫	浙江嘉善
居住	西塘北栅
通訊處	西塘北栅
介紹人年月日	余郁華 陽歷七年二月十四日 佐眉梅

1021. 儲光霽

1021. 儲光霽（1887—？），字華亭，安徽阜陽人。1918年2月由陳洪濤介紹入社，入社書編號1021。

南社社友錄

南社入社書

姓名	儲光霖 華亭
年歲	三十二歲
籍貫	安徽阜陽
居住	三塔集
通訊處	茶里警察所
介紹人	陳濤洪
年月日	柒年十二月 日

1022. 鄭憲武

1022.鄭憲武（1880—？），字叔子，號叔允，別號粟園，廣東香山（今中山）人。1918年2月22日由劉超武介紹入社，入社書編號1022。

南社入社書

姓名	鄭憲武 號叔子 又電園 叔兄
年歲	三十九
籍貫	廣東香山
居址	
通訊處	(一)上海北四川路滬北醫院 (二)廣州西堤二馬路王紹英律師事務所 (三)香港九龍城謙益鄉
介紹人	
年月日	民國七年二月廿二日

1023. 徐超群

1023. 徐超群（1889—？），字伯耕，浙江江山人。1918年3月1日由邵瑞彭介紹入社，入社書編號1023。

南社入社書

姓名	徐超羣 伯耕
年歲	三十歲
籍貫	浙江江山 吉名須江
居址	江山石門
通訊處	石門宗仁德君轉交
介紹人	邵次公
年月日	民國七年三月一日

1024. 倪拱辰

1024.倪拱辰（1875—？），字星垣，號惺園，別號星園，浙江吳興（今湖州）人。1918年3月30日由莫質譽介紹入社，入社書編號1024。

南社社友錄

南社入社書

姓名	倪拱辰 號惺園 別号 星垣
年歲	四十四歲
籍貫	浙江吳興茗南西渚
居住	
通訊處	菁山市久誠堂
介紹人	莫頌譽
年月日	民國七年三月三十日

1025. 甘　英

1025. 甘英（1897—？），字崇蘭，江蘇太倉人。1918年4月由張花魂介紹入社，入社書編號1025。

南社入社書

姓名	甘英 崇蘭
年歲	二十二
籍貫	江蘇太倉
居住	
通訊處	太倉劉河南三學校
介紹人	張葦亮
年月日	民國七年四月

1026. 熊　理

　　1026.熊理（1889—1953），字衡三，號恒心，廣東梅縣（今梅州市梅縣區）人。1918年4月8日由王少文介紹入社，入社書編號1026。早年加入中國同盟會。1915年在荷屬泗水華僑學務總會任職。1921年爲梅縣民選縣長。後歷任華僑聯合會常務董事、僑務委員會秘書、廣東省財政廳秘書、廣東經濟設計委員會委員、學海書院導師等職。曾任《華僑教育報》、《自強》雜誌、《泗濱日報》、《僑務月刊》等報刊編輯。著有《恒心詩文鈔》、《華僑教育鑒》、《廣東財政紀實》、《尚書的政治學說》、《論語管窺》、《嘉應鄉土歷史地理教科書》等。

南社社友錄

南社入社書

姓名	熊理 衡三
年歲	三十歲
籍貫	廣東梅縣
居住	南洋爪哇泗水
通訊處	泗水荷屬華僑学務總會
介紹人	王少文
年月日	民國七年四月八日

1027. 徐 鵬

1027. 徐鵬（1894—？），字負天，江蘇如皋人。1918年5月4日由莫質譽介紹入社，入社書編號1027。

南社社友錄

南社入社書

姓名	徐貞天 名鵬
年歲	二十五
籍貫	江蘇如皋
居住	如皋城內
通訊處	上海西門餘慶里一號
介紹人	莫質譽
年月日	民國七年五月四日

1028. 熊公福

1028. 熊公福（1885—？），字群青，江西宜豐人。1918年5月12日由楊賡笙、李懷霜、蔡突靈介紹入社，入社書編號1028。民國初年曾在廣東《珠江日報》社任職；後又供職於廣州農林試驗場。

南社入社書

姓名	熊公福 譽青
年歲	三十四歲
籍貫	江西宜豐
居住	江西省城松柏巷四號又 廣東西關外第七甫珠江日報社
通訊處	江西省城松柏巷四號又廣東珠江報社或 廣州農林試驗場
介紹人	楊廥笙　李懷霜　蔡哭靈
年月日	民國七年五月十二日

1029. 陸明桓

1029.陸明桓（1902—1929），字簡敬，號蘇齋，江蘇吳江(今蘇州市吳江區)人，陸明塾之弟。1918年5月28日由陳洪濤介紹入社，入社書編號1029。1927年編輯《松陵陸氏叢著》。1928年代柳亞子籌備紀念南社成立20週年活動。曾發起創辦求是學社，出版《求是》刊物。有《蘇齋遺稿》行世。

南社入社書

姓名	陸簡敬 名明桓
年歲	十七歲
籍貫	吳江縣
居住	甪里放生橋東黃世昌宅內
通訊處	甪里放生橋東黃世昌石作內
介紹人	陳洪濤
年月日	民國七年五月念捌日

1030. 沈流芳

　　1030. 沈流芳（1897—1976），字體蘭，江蘇吳江（今蘇州市吳江區）人。1918年7月4日由柳亞子介紹入社，入社書編號1030。1922年畢業於蘇州東吳大學理科。1927年與吳耀宗等發起組織中國基督教學生運動協會。1928年赴英國留學。1931年任上海麥倫中學校長，使該校逐漸成爲愛國和民主的學校、上海歷時最久的進步學校；"九一八"事變後發起組織時社。1936年參加上海各界救國聯合會，同年在麥倫中學建立科學館。1937年"八一三"淞滬抗戰爆發後，加入宋慶齡等人發起組織的保衛中國大同盟。1946年參加中國民主同盟。新中國成立後歷任政務院文教委員會委員、華東軍政委員會教育部副部長、全國政協委員、上海市政協副主席、上海市體育運動委員會主任、民盟中央委員、民盟上海市委員會常務委員等職。1953年加入中國民主建國會，任民建上海市委員會常務委員。著有《擷勞樓詩話》。

南社入社書

姓名	沈流芳 号體蘭
年歲	二十一
籍貫	江蘇吳江
居住	蘇屬周莊鎮楊家澤
通訊處	蘇州東吳大學（寒暑假在周莊鎮）
介紹人	柳棄疾
年月日	七年七月四日

1031. 黃麗中

1031. 黃麗中（1885—？），字贅庵，湖北隨縣人。1918年8月14日由邵瑞彭介紹入社，入社書編號1031。

南社社友錄

南社入社書

姓名	黃麗中贅庵
年歲	三十四
籍貫	湖北蘄水
居址	杭州省城
通訊處	杭州金剛寺巷邸公祠
介紹人	邵次公
年月日	七年八月十四日

1032. 薛鍾斗

　　1032. 薛鍾斗（1892—1920），字儲石，號守拙，別署西峴山民，浙江瑞安人。1918年8月由姚光介紹入社，入社書編號1032。1910年考入杭州法政專門學校政治科，後轉法律科。1913年任《亞東小說》編輯。1917年6月在杭州與溫州籍友人成立晦明社，提倡樸學。1914年任瑞安中學國文教員，後任瑞安公立圖書館館長。曾與友人創建慎社詩社，出版《慎社》月刊。著有《泣冬青》、《貞女木》、《雙蓮橋》等。

南社社友錄

南社入社書	
姓名	薛鍾斗字儲石
年歲	二十七歲
籍貫	浙江瑞安
居址	瑞安第一巷
通訊處	同上
介紹人	姚君石子
年月日	民國七年八月

1033. 沈英領

1033. 沈英領（1896—？），字鐵民，號飲冷，浙江紹興人。1918年9月1日由高旭、宋琳介紹入社，入社書編號1033。

南社社友録

南社入社書

姓名	沈美頜 鉄民 飲冷
年歲	廿三歲
籍貫	浙江紹興
居址	紹興越王臺畔沈宅
通訊處	天津法界紫陽里王寓沈席
介紹人	高旭 宋琳
年月日	中華民國七年九月一日

1034. 趙君達

1034.趙君達（1899—？），女，江蘇吳江(今蘇州市吳江區)人。1918年10月1日由其丈夫吳抗雲和柳亞子介紹入社，入社書編號1034。

南社社友錄

南社入社書

姓名	趙君達
年歲	二十歲
籍貫	吳江
居住	蘆墟鎮北柵
通訊處	蘆墟鎮恒隆醬園內宅
介紹人	吳抗霆　柳亞子
年月日	民國七年十月一日

1035. 于洪起

1035. 于洪起（1883—1940），字覺範，號範亭，山東栖霞人。1918年10月由陳家鼎介紹入社，入社書編號1035。1905年留學日本，並加入中國同盟會。1907年任同盟會山東分會會長。1908年發起成立山東礦產保存會，反對德國人掠奪山東礦產。1909年任山東省咨議局秘書。辛亥革命後任山東都督胡瑛顧問。1913年任國會眾議院議員。1917年任護法國會眾議院議員。1924年創辦煙臺先志中學，任校長。1928年任江蘇省政府秘書。1931年任國民政府監察院監察委員。

南社入社書

姓名	于洪起 范亭 受范
年歲	
籍貫居住	山東栖霞
通訊處	廣州省議会東樓下三号
介紹人	陳漢元
年月日	七年十月

1036. 于均生

1036. 于均生（1887—1950），原名庭樟，字均生，山東濰縣（今濰坊）人。1918年1月3日由陳家鼎、景定成介紹入社，入社書編號1036。早年赴日本留學，入帝國大學習政治經濟學，並加入中國同盟會。1906年任《晨鐘》週刊編輯。1907年回國，在原籍創辦于氏私立兩級小學堂，自任校長。1912年4月任同盟會濰縣分會副會長。民國臨時政府遷往北京後，被選爲國會眾議院議員。1918年被孫中山任命爲大元帥府參議。

南社社友錄

書入社社南	
姓名	生均于
年歲	歲二十三
籍貫居住	山東濰縣
通訊處	山東濰縣寒亭鎮
介紹人	陳家鼎 陳景定成
年月日	民國七年元月三日

宋震公君轉

1037. 徐　策

1037.徐策（1878—1942），又名徐張策，字勵身，號騮良，浙江海寧人。1918年由蔡哲夫介紹入社，入社書編號1037。早年留學法國達貝爾工程大學，後畢業於巴黎鐵道大學。回國後曾創辦鐵路講習所。曾任浙贛、隴海、津浦、平漢等鐵路總工程師；滬杭鐵路勘測、製圖即出其手。抗日戰爭爆發前在南京參謀本部城塞組，從事由城內富貴山通至城外紫金山之地下隧道工程建設。撰有《全國鐵路路線意見書》，另有遺稿《子午曆》。

南社社友錄

南社入社書	
姓名	徐策　號勵身
年歲	四十一
籍貫	浙江海寧
居住	
通訊處	
介紹人	
年月日	

1038. 周坤雄

1038.周坤雄（1896—？），女，字新姒，廣東四會人。1917年9月26日由蔡哲夫介紹入社，入社書編號1038。

南社入社書

姓名	周坤雄 號新如
年歲	二十二
籍貫	廣東四會
居住	廣州惠愛二約
通訊處	廣州西關歷榮新街學圃
介紹人	
年月日	六年九月二十六日

1039. 陳 言

1039. 陳言（1893—？），字紹虞，湖北人。1917年10月13日由謝英伯介紹入社，入社書編號1039。民初在上海任《民權報》編輯。

南社社友錄

南社入社書	
姓名	陳言 字紹虞
年歲	二十五
籍貫	湖北
居住	上海罢美仁里一弄刻萬廣東軍雲報社
通訊處	上海四馬路麥家園口民權報轉或廣東省城軍雲報社均可
介紹人	謝英伯
年月日	六年十月十三日

1040. 蘇燕翩

1040.蘇燕翩(1894—？),女,字鳳宜,一作鳳儀,號鳳子,廣東順德人。1917年10月15日由其丈夫陸丹林介紹入社,入社書編號1040。

南社社友錄

南社入社書

姓名	蘇燕翩 女士
年歲	廿
籍貫	順德
居住	廣東廣州西橫街文古道 寸廬
通訊處	仝上
介紹人	陸丹林
年月日	民國七年十月三十

1041. 劉曉東

1041. 劉曉東，同 1012 劉嘯東。

南社社友錄

南社入社書

姓名	劉曉東
年歲	卅二
籍貫	東莞
居住通訊處	廣州市第八甫和昭
介紹人	陸丹林
年月日	七月十七

1042. 姚雲曹

1042. 姚雲曹（1894—？），字鶴侶，廣東潮陽（今汕頭市潮陽區）人。1917年11月17日由吳履泰介紹入社，入社書編號1042。

南社社友錄

南社入社書

姓名	姚雲曹號鶴侶　已故
年歲	二十四
籍貫	廣東潮陽
居住	潮陽城內
通訊處	汕頭懷安街公發洋行 現廣州天官里法政學校
介紹人	吳砥如先生
年月日	中華民國六年十一月十七日

1043. 龐成宇

1043. 龐成宇（1879—？），字棟巖，廣西容縣人。1918 年 3 月 20 日由蔡哲夫介紹入社，入社書編號 1043。

南社社友錄

南社入社書

姓名	嚴棟扉 字成 名
年歲	四十歲
籍貫	廣西容縣
居住	容縣坊里
通訊處	容縣東街公笙
介紹人	蓍守
年月日	七年三月廿日

1044. 張增泰

1044. 張增泰（1896—？），字岱青，上海人。1918年11月28日由鍾觀誥介紹入社，入社書編號1044。

南社入社書

姓名	張增泰 戠青
年歲	二十三
籍貫	上海
居址	北新涇鎮
通訊處	涇鎮 上海北新
介紹人	鍾觀誥
年月日	十八日 十月二 民七年

南社社友錄

1045. 姚彝伯

1045. 姚彝伯（1894—1969），原名公良，字彝伯，一字夷白，號伯子，別署恬翁、一禪等，江蘇興化人。1919年1月13日由柳亞子介紹入社，入社書編號1045。著有《中國醫學發展史》等。

南社社友錄

南社入社書

姓名	姚龑伯
年歲	二十六
籍貫	江蘇興化
居住	興化東門後河頭
通訊處	同上
介紹人	柳亞子
年月日	八二十三

1046. 趙式銘

　　1046. 趙式銘（1872—1942），字心海，一作星海，號弢父，白族，雲南劍川人。1919年2月15日由蔡哲夫介紹入社，入社書編號1046。1904年起先後創辦《永昌白話報》、《麗江白話報》。1909年編輯《雲南日報》。辛亥革命後任雲南都督府秘書，並撰《雲南光復志》。1917年隨趙藩到廣州，任廣州護法軍政府交通部總核司司長兼八省鐵道督辦公署秘書。1919年後隨趙藩返滇，在省府督署任職。1926年後返回鄉里從事教育工作。1931年後歷任雲南通志館副館長、館長及《新纂雲南通志》副總纂、總纂。1934年參加蘇州國學社。著有《睫巢詩稿》、《希夷微室詩鈔》及滇劇演唱劇本《苦越南》、《蓮花生傳奇》等，另有小說《並頭蓮》以及《滇志辨略》、《漢書補正》、《白文考》、《爨文考》、《麼西文考》等學術著作。

南社社友錄

南社入社書

姓名	趙式銘 泡心 弼心
年歲	四十七
籍貫	劍川縣
居住	交通部 雲南劍川城內北門
通訊處	交通部
介紹人	蔡哲夫
年月日	八年二月十五

交通部總稽核司司長

廣州小東門內水閘橫

1047. 趙宗瀚

1047.趙宗瀚（1889—1944），字澄甫，白族，雲南劍川人，近代著名學者趙藩次子。1919年2月20日由蔡哲夫介紹入社，入社書編號1047。1912年任雲南督軍公署秘書，後又出任四川都督府秘書、廣州軍政府交通部秘書長及路政司司長。1920年任雲南省長公署秘書。1922年被選爲省議會議員。1929年起先後任雲南省政府樞要處秘書室主任、省政府辦公廳主任、省政府秘書長兼秘書室主任等職。著有《淡靜宧詩文抄》、《石寶山小記》、《淡靜宧日記》、《還讀書堂日記》、《癸酉日記》、《戊寅日記》等。

南社社友錄

南社入社書

姓名	趙宗瀚 鄧陰甫
年歲	三十
籍貫	雲南劍川縣
居住	軍政府交通部　內西門川鄰城雲南劍
通訊處	仝上
介紹人	蔡守
年月日	八二廿

1048. 趙　坤

1048. 趙坤（1878—？），字致中，雲南劍川人。1919年2月20日由蔡哲夫介紹入社，入社書編號1048。1906年4月與李根源、呂志伊等在東京創辦《雲南》雜誌。1919年加入南社時任廣東軍政府交通部司員。

南社社友錄

南社入社書

姓名	趙坤 鈍中
年歲	四十二
籍貫	劍川縣
居住	交通部（本門外雲南劍川城內）
通訊處	軍政府交通部
介紹人	蔡哲夫
年月日	廿二八

交通部司員

廣州小東門內水閘橋

1049. 嚴　素

1049. 嚴素（1899—？），字賤王，上海人。1919年3月19日由柳亞子介紹入社，入社書編號1049。

南社社友錄

南社入社書

姓名	王賻青巌
年歲	二十一
籍貫	江蘇上海
居住	上海北江西路青雲里十六號
通訊處	北京工業專門學校
介紹人	柳棄疾
年月日	八年三月十九日

1050. 張　紀

1050.張紀（1883—？），字少連，號嘯堪，廣東南海（今佛山市南海區）人。1919年3月20日由蔡哲夫介紹入社，入社書編號1050。

南社入社書

姓名	張紀 字少連 号歔堪
年歲	三十七
籍貫	廣東南海
居住	廣州新沙下街南海張廬
通訊處	仝上 又 廣州財政廳秘書處 廣州老城三多里南番沙捐局
介紹人	蔡守
年月日	八三廿

南社社友錄

1051. 李曰垓

1051. 李曰垓（1881—1944），字子邕，一字梓暢，雲南騰衝人。1919年3月20日由盧鑄、蔡哲夫介紹入社，入社書編號1051。早年就讀於雲南高等學堂，旋入京師大學堂經濟特科，畢業後曾任永昌中學教習、土民(少數民族)學堂總辦、蒙自中學堂監督等職。1909年加入中國同盟會。辛亥武昌起義後任大漢雲南軍政府軍政部次長兼參議院參議、民政司司長、殖邊總辦、西藏宣慰使等職。後任護國軍政府雲南代表、護國第一軍秘書長。著有《雲南護國軍入川之戰史》、《汗漫錄》、《天地一庵詩文抄》、《滇緬界務說略並圖》等。

南社社友錄

南社入社書

姓名	李曰垓字子燮
年歲	三十八
籍貫	雲南騰衝
居住	騰衝縣城外和順鄉
通訊處	廣州滇軍總司令部
介紹人	盧鑄 蔡文
年月日	八三廿

1052. 楊　晉

1052. 楊晉（1875—？），字進卿，雲南臨安（今建水）人。1919年3月20日由盧鑄、蔡哲夫介紹入社，入社書編號1052。

南社社友錄

南社入社書	
姓名	楊晉字進卿
年歲	四十五
籍貫	雲南 臨安
居住	雲南昆明城內玉龍堆楊宅
通訊處	廣東嶺南道尹公署
介紹人	盧鑄 蔡定
年月日	八三廿

1053. 陳祖基

1053.陳祖基（1880—？），字嘯湖，雲南宣威人。1919年3月20日由盧鑄、蔡哲夫介紹入社，入社書編號1053。1913—1924年任國會眾議院議員，兼廣州督辦署執法處長。

南社社友錄

南社入社書

姓名	陳祖基字嘯湖
年歲	四十
籍貫	雲南宣威
居住	宣威南門大街
通訊處	廣州先施二一五街號樓
介紹人	盧鑄 蔡玄
年月日	八三廿

2089

1054. 許崇灝

1054.許崇灝（1883—1957），字公武，廣東番禺（今廣州市番禺區）人。1919年3月20日由盧鑄、蔡哲夫介紹入社，入社書編號1054。1911年武昌起義時任都督府參謀長、南京衛戍總督府監察處長。1956年1月被聘爲上海文史研究館館員。出版有《中國政制概要》、《伊斯蘭教志略》、《新疆志略》、《土司制度略考》等。

南社入社書

姓名	許崇灝 字公武
年歲	三十六
籍貫	廣東番禺
居住	上海北四川路三戰里
通訊處	廣州黃沙車監治舊寓
介紹人	盧鑄 蔡定
年月日	八三廿

1055. 秦善培

1055.秦善培（1890—？），字振夫，廣西桂林人。1919年3月20日由盧鑄、蔡哲夫介紹入社，入社書編號1055。

南社社友錄

南社入社	
姓名	秦善培字振夫
年歲	三十
籍貫	廣西桂林
居住	山東西關東沅銅元局
通訊處	韶州北江礦務局
介紹人	盧鑄 蔡定
年月日	廿三八

1056. 薛正清

1056. 薛正清（1885—？），字正清，陝西韓城人。1919年3月20日由盧鑄、蔡哲夫介紹入社，入社書編號1056。

南社社友錄

南社入社書

姓名	薛正清 字已清
年歲	三十五
籍貫	陝西韓城
居住	韓城
通訊處	署賑辦 詔州
介紹人	盧鑄 蔡文
年月日	八三廿

1057. 李杞芳

1057. 李杞芳（1884—？），字柳汀，廣東五華人。1919年3月20日由盧鑄、蔡哲夫介紹入社，入社書編號1057。

南社入社書

姓名	李杞芳字柳汀
年歲	三十六
籍貫	廣東五華縣
居住	廣東五華安流渡墟
通訊處	汕頭安流渡大豐祥
介紹人	盧鑄　蔡文
年月日	八三廿

1058. 魏定榮

1058. 魏定榮（1891—？），字祝民，湖南新化人。1919年3月20日由盧鑄、蔡哲夫介紹入社，入社書編號1058。曾任廣東韶州督辦署委員，後在廣州滇軍總司令部供職。

南社入社書

姓名	魏定榮字祝民
年歲	二十九歲
籍貫	湖南新化縣
居住	新化縣西門外魏匡圍
通訊處	廣州滇軍總司令部
介紹人	盧鑄　蔡寔
年月日	八三廿

籌辦處要員

廣州小東門內水閘橋

1059. 呂六韜

1059. 呂六韜（1891—？），字渭仙，安徽太湖人。1919年3月20日由盧鑄、蔡哲夫介紹入社，入社書編號1059。

南社入社書

姓名	呂六韜字渭仙
年歲	二十九歲
籍貫	安徽太湖縣
居住	太湖縣城內四牌樓
通訊處	廣東滇軍總司令部
介紹人	盧鑄　蔡文
年月日	八三廿

1060. 梁六度

1060. 梁六度（1887—？），字六度，廣西扶南（今扶綏）人。1919年3月20日由盧鑄、蔡哲夫介紹入社，入社書編號1060。

南社社友錄

南社入社書

姓名	梁六度 字六度
年歲	三十三
籍貫	廣西扶南
居住	扶南渠黎墟梁宅
通訊處	南甯嶺表日報社　廣州滇軍總司令部
介紹人	盧鑄　蔡定
年月日	八三廿

1061. 秦善澤

1061. 秦善澤（1889—？），字誠孚，廣西桂林人。1919 年 3 月 20 日由蔡哲夫介紹入社，後補填入社書，入社書編號 1061。

南社入社書

姓名	秦善澤 字誠孚
年歲	三十一
籍貫	廣西桂林
居住	山東西關東流水銅元局
通訊處	韶州北江礦務局轉
介紹人	
年月日	八三廿 填補

1062. 歐陽振聲

　　1062.歐陽振聲（1885—？），字篤初，號俊民，一作駿民，又作正民，湖南寧遠人。1919年3月20日由蔡哲夫介紹入社，入社書編號1062。早年就讀於湖北武昌文普通學堂。1904年與呂大森、劉靜庵、宋教仁等組織科學補習所，後留學日本早稻田大學，並加入中國同盟會。1911年被選爲南京民國臨時政府臨時參議院議員，並參加統一共和黨，任常務幹事。1915年任上海《中華新報》總經理。後任職於廣州軍政府秘書廳。

南社入社書

姓名	歐陽振聲 字駿民
年歲	三十五
籍貫	湖南
居住	
通訊處	廣州東門外軍政府秘書廳
介紹人	蔡哲夫
年月日	八三廿

1063. 秦恩述

1063. 秦恩述（1864—？），字仲勤，廣西桂林人。1919年3月21日由蔡哲夫介紹入社，入社書編號1063。

南社入社書

姓名	秦恩述 字仲勤
年歲	五十六歲
籍貫	廣西桂林縣
居住	山東省西園銅元局街
通訊處	廣州蔫哼軍署
介紹人	蔡哲夫
年月日	民國八年三月廿一日

1064. 黃殿華

1064.黃殿華（1885—？），字奠華，浙江杭縣（今杭州）人。1919年4月6日由張心蕪、邵力子、姚民哀介紹入社，入社書編號1064。

南社社友錄

南社入社書

姓名	黃厥華 葉華
年歲	三十五歲
籍貫	杭縣
居住通訊處	上海(略)
介紹人	張(略)
年月日	八年四月六日

1065. 李少芳

1065. 李少芳（1888—？），女，字笑芳，廣東番禺（今廣州市番禺區）人。1919年4月10日由黃蕙介紹入社，入社書編號1065。1919年曾在廣州東山培坤女校任教。

南社社友錄

南社入社書

姓名	李少芳
年歲	三十二
籍貫	廣東 番禺
居住	廣州 光孝街旦花巷九号
通訊處	廣州東山培坤女學校
介紹人	黃少蘭
年月日	八年四月十号

1066. 黃珮珊

1066. 黃珮珊（1892—？），女，廣東鶴山人。1919年4月10日由黃蕙介紹入社，入社書編號1066。

南社社友錄

南社入社書

姓名	黃珊珊
年歲	二十八
籍貫	廣東 鶴邑
居住	廣州光孝街曇花巷九號
通訊處	廣州東山培坤女學校
介紹人	黃少蘭 [印]
年月日	八年四月十號

1067. 鍾　藻

　　1067.鍾藻（1893—？），字愛琴，一字耐勤，號琴盦，又號焦桐館主，湖南醴陵人。1919年4月由傅熊湘介紹入社，入社書編號1067。

南社入社書

姓名	鍾藻　字壽琪　一字耐勤
年歲	二十七歲
籍貫	湖南醴陵
居址	醴陵東城琴廬
通訊處	同上
介紹人	傅屯艮
年月日	八年四月

1068. 蔡燮垣

1068.蔡燮垣（1879—？），字煥伯，廣東南海（今佛山市南海區）人。1919年5月9日由蔡哲夫介紹入社，入社書編號1068。

南社社友錄

南社入社書

姓名	蔡燮垣 字煥伯
年歲	四十一
籍貫	廣東南海縣人
居住	佛山鶴園正街 廣州大塘街五十一號
通訊處	同上
介紹人	蔡哲夫
年月日	八年五月九日

1069. 趙家善

1069. 趙家善（1899—？），字芳積，江蘇吳縣(今蘇州市吳中區)人。1919年5月21日由王大覺介紹入社，入社書編號1069。

南社入社書

姓名	趙家善 芳積
年歲	二十一歲
籍貫	江蘇吳縣
居住	蘇州周莊後港
通訊處	蘇州周莊後港
介紹人	王大覺
年月日	中華民國八年五月二十一日

1070. 冷遹

1070. 冷遹（1882—1959），字禦秋，一字雨秋，別署遇秋，江蘇丹徒（今鎮江市丹徒區）人。1919年5月10日由蔡哲夫介紹入社，入社書編號1070。1902年入安徽武備學堂，1905年畢業後參加南京新軍，任隊官、管帶等職。1906年加入中國同盟會。1909年任陸軍小學提調，旋與耿毅等建立同盟會廣西支部。1910年9月在桂林創辦同盟會廣西支部機關報《南報》。1911年武昌起義後任同盟會廣西支部代理支部長。1912年南京民國臨時政府成立後任江蘇陸軍第三師師長，後又任安徽軍政府參謀部部長。二次革命失敗後流亡日本，與程潛、李根源等在東京創設歐事研究會。1915年回國參加護國討袁和護法運動，任廣東護法軍政府總參議、代理內政部長。1921年在上海與黃炎培創辦中華職業教育社。1925年秋任江蘇省水陸警備司令。1928年5月任山東省政府委員兼民政廳廳長。1936年任鎮江商會主席和江蘇省商會執行委員。

南社入社書

姓名	冷遹 字禦秋
年歲	三十八歲
籍貫	江蘇丹徒縣
居住	軍政府
通訊處	軍政府內政部總長
介紹人	蔡哲夫
年月日	八年五月十日

1071. 壽璽

1071. 壽璽（1885—1949），字石工，號印侯，又號印丐、珏盦，別署石公、碩功，浙江紹興人。由高旭介紹入社，1919年6月26日補填入社書，入社書編號1071。早年畢業於山西大學堂。民國成立前加入中國同盟會，並參加辛亥革命。民國初年曾在北京《民聲報》社任職，又與陳師曾等籌劃創辦北京美術專科學校。先後執教於北京大學、北京女子文理學院。著有《珏盦詞》、《治印瑣談》、《重玄瑣記》等。

南社社友錄

南社入社書

姓名	壽璽字石工
年歲	三十五
籍貫	浙江紹興
居址	
通訊處	北京民聲報社
介紹人	高天梅
年月日	八年六月二十六日補填

1072. 陳家慶

  1072. 陳家慶（1904—1970），女，字秀元，一作秀園，又作繡原、秀原，別署麗湘、碧湘，室名麗湘閣、碧湘閣、芸鞭草堂，湖南寧鄉人。1919年7月由其大姐陳家英和傅熊湘介紹入社，入社書編號1072。早年由伯兄陳家鼎介紹參加中國同盟會。曾就讀於周南女學、天津直隸第一女子師範學校、北京女子高等師範學校。20世紀20年代曾任教於蘇州樂益女子中學、上海松江女子中學；30年代後任教於安徽大學、重慶大學、政治大學、東方語文專科學校等校，講授詞學。1962年11月被聘爲上海文史研究館館員。著有《麗湘閣詩草》、《碧湘閣集》、《曲史》、《漢魏六朝詩研究》、《黃山攬勝集》（與徐英合著）。

南社入社書

姓名	陳家慶 字秀元 一字麗湘
年歲	十七
籍貫	湖南甯鄉
居址	上海
通訊處	上海霞飛路寶康里三十四号 天津天緯路直隸第一女子師範
介紹人	傅鈍 陳定元
年月日	八年七月

1073. 洪　璞

1073.洪璞（1897—1967），原名完，更名璞，字荊山，號太完，浙江慈谿人。1919年7月13日由沈宗畸、黃定禪、黃復介紹入社，入社書編號1073。曾在北京殖邊銀行、寧波旅滬同鄉會圖書館及中華書局等單位工作。1960年1月被聘爲上海文史研究館館員。

南社入社書

姓名	洪璞 荊山 一字太完
年歲	二十二
籍貫	浙江慈谿
居址	寧波慈北東鄉鎮
通訊處	北京殖邊銀行總管理處
介紹人	沈宗畸 黃瀾 黃復
年月日	中華民國八年七月十三日

1074. 楊倫彝

1074. 楊倫彝（1894—？），字柳堂，廣東潮安（今潮州市潮安區）人。1919年9月1日由吳履泰、李滄萍、蔡哲夫介紹入社，入社書編號1074。

南社社友錄

南社入社書

姓名	楊柳堂 名倫奐
年歲	二十六
籍貫	廣東潮安
居住	廣州迎祥街益成行
通訊處	同上
介紹人	吳砥如 李滄萍 蔡寅
年月日	八年九月一號

1075. 林　恭

1075.林恭(1893—？),字肅庵,廣東普寧人。1919年9月1日由吳履泰、李滄萍、蔡哲夫介紹入社,入社書編號1075。

南社入社書

姓名	林恭弗庵
年歲	二十七
籍貫	廣東普寧
居住	汕頭鯉湖埠長發号
通訊處	汕頭鯉湖埠長發号
介紹人	吳砥如 李滄萍 蔡寅
年月日	八年九月一号

1076. 劉文驤

1076. 劉文驤（1881—？），字雲浦，號雲隱，山東沂水人。1919年9月10日由蔡哲夫、黃蕙、謝英伯介紹入社，入社書編號1076。

南社入社書

姓名	劉文驤 字雲浦 号雲隱
年歲	三十九歲
籍貫	山東沂水縣
居住	楪莊鎮 劉燕翼堂
通訊處	山東沂水縣楪莊劉燕翼堂
介紹人	黃九菊　謝美伯
年月日	九月十日 民國八年

1077. 吳立崇

1077. 吳立崇（1866—？），字子翔，號壽梅，江蘇吳縣(今蘇州市吳中區)人。1919年9月30日由蔡哲夫、黃蕙、謝英伯介紹入社，入社書編號1077。

南社社友錄

南社入社書

姓名	吳立崇字子翔號壽梅
年歲	五十四
籍貫	江蘇省吳縣
居住	現寓廣州大市街仙鄰巷廿四號
通訊處	廣州光孝街祝壽巷第卅四號黃廬轉交
介紹人	黃少蘭　謝英伯
年月日	八年九月卅日

1078. 馮 玉

1078. 馮玉（1898—？），女，字孔嘉，廣東香山（今中山）人。1919年9月1日由張傾城介紹入社，入社書編號1078。

南社社友錄

南社入社書

姓名	馮玉 字孔嘉
年歲	廿二
籍貫居址	廣東香山
通訊處	廣州沙面太古洋行莫鶴鳴轉
介紹人	張傾城
年月日	八九一

1079. 傅卓霖

1079. 傅卓霖（1882—？），字逸雲，湖北鄂城（今鄂州市鄂城區）人。1919年10月31日由傅熊湘、朱孅仙、李隆建介紹入社，入社書編號1079。

南社社友錄

南社入社書

姓名	傅逸雲 名卓霖
年歲	三十八歲
籍貫	湖北鄂城
居址	鄂城縣
通訊處	漢口四㠭街劍俠建卅一日 陸軍世君嫻 湖東傅 福州朱氏
介紹人	民國八年十月
年月日	

1080. 朱　英

1080.朱英（1889—1954），字荇青，號杏卿，浙江海鹽（一說平湖）人。1919年10月由周芷畦、徐半夢、黃復介紹入社，入社書編號1080。1927年任教於上海國立音樂學院，兼學生宿舍指導員。抗戰時期創作了《哀水災》、《難忘曲》、《淞滬血戰》等具有愛國激情的琵琶樂曲。1945年任湖北師範學院音樂系國樂教授。1946年至1951年在平湖縣立初級中學任教。1953年被聘爲中央音樂學院民族音樂研究所特約演奏員。創作有《秋宮怨》、《長恨曲》、《"五卅"慘案》等琵琶名曲及器樂合奏曲《楓橋夜泊》等。

南社入社書

姓名	朱英 蔣青一號杏卿
年歲	三十
籍貫	浙江海鹽
居址	寄居平湖縣南水門內騎塘洺
通訊處	北京國務院院部處事務委員會
介紹人	周竝畦 徐糵夢 黃病蝶
年月日	八年十月

1081. 袁家普

1081.袁家普（1874—1933），字雪安，一作雪庵，湖南醴陵人。1920年4月由傅熊湘介紹入社，入社書編號1081。早年留學日本東京法政大學。辛亥革命後任雲南省財政局局長、財政廳廳長。1912年任國民黨雲南支部副支部長。1916年任湖南省財政廳廳長。1921年任湖南省公路局長。1926年任國民革命軍湖南軍資處委員長。1929年任山東省財政廳廳長。著有《雪安遺稿》。

南社社友錄

南社入社書

姓名	袁家普 雲安
年歲	四十六歲
籍貫	湖南醴陵
居址	同上
通訊處	醴陵板杉舖郵局轉
介紹人	傅熊湘
年月日	九年四月

1082. 朱澤溥

1082. 朱澤溥（1890—？），字仲雅，湖南攸縣人。1920年4月由張端瀛介紹入社，入社書編號1082。

南社入社書

姓名	朱澤溥 字仲推
年歲	三十一歲
籍貫	湖南攸縣
居址	北城天順巷
通訊處	攸縣春暉文社
介紹人	張瑞瀛
年月日	民國九年四月

1083. 蔡鼎成

1083. 蔡鼎成（1895—？），江蘇泗陽人。1920年5月由張冰介紹入社，入社書編號1083。

南社社友錄

南社入社書

姓名	蔡鼎成
年歲	二十六
籍貫	江蘇泗陽縣
居址	泗陽縣穿城鎮
通訊處	清江浦游府東街
介紹人	張冰
年月日	中華民國九年五月

1084. 唐 奇

1084. 唐奇（1901—？），字忍庵，江蘇太倉人。1920年6月10日由馮心俠、狄君武、俞鍔介紹入社，入社書編號1084。著有《懷素閣筆記》。

南社社友錄

南社入社書

姓名	唐奇庵忍
年歲	二十
籍貫	太倉（江蘇）
居住	太倉璜涇
通訊處	無錫北塘廣勤紗廠公司 太倉璜涇時用
介紹人	馮平 秋膺 俞鍔
年月日	九年六月十日

南社社友錄

1085. 談 溶

　　1085.談溶（1891—1976），女，字月色，號溶溶，晚號珠江老人，廣東順德人，蔡哲夫之妾。1920年10月27日由其夫蔡哲夫介紹入社，入社書編號1085。1928年曾任黃花考古學院研究員、廣州博物館專員。抗戰後曾供職於總統府印鑄局。晚年被聘爲江蘇省文史館館員，並當選爲全國第三、第四屆婦女代表，江蘇省政協委員，南京市人大代表等。著有《月色詩集》、《茶四妙亭印草》、《中國梅花史》，輯有《寒瓊遺稿》等。

南社社友錄

南社入社書

姓名	比丘尼古溶
年歲	三十歲
籍貫	俗家姓談順德人
居住	廣州北門內清泉街檀度庵
通訊處	仝上
介紹人	蔡哲夫 [印]
年月日	庚申九月十六日（民國九年）

1086. 趙爾正

1086.趙爾正（1905—？），字謙侯，號滌厂，直隸大興（今北京市大興區）人。1920年11月4日由黃復、李澄宇、黃定禪介紹入社，入社書編號1086。

南社入社書

姓名	趙滌厂	別署 滌厂 正俟 名爾 字謙
年歲	拾陸歲	
籍貫	直隸大興	
居址	河南開封城內侯家胡同文宅	
通訊處	北京北城北兵馬司一号 趙宅	
介紹人	黃瀾 李澄宇 黃復	
年月日	九年十一月四日	

1087. 夏桂徵

1087.夏桂徵（1892—？），貴州人。1920年12月22日由蔡哲夫介紹入社，入社書編號1087。

南社社友錄

南社入社書

姓名	夏桂徵
年歲	廿九歲
籍貫	貴州
居住	廣州多寶大街廿五号
通訊處	廣州多寶大街公益女學校
介紹人	蓼宛 蘯夫
年月日	庚申十一月十三日（民國九年）

1088. 張瑞彤

1088. 張瑞彤（1884—？），廣東番禺（今廣州市番禺區）人。1920年12月22日由蔡哲夫介紹入社，入社書編輯1088。

南社社友錄

南社入社書

姓名	張瑞彤
年歲	三十七歲
籍貫	廣東番禺
居住	香港羅便臣道四十二號香山莫
通訊處	仝上
介紹人	蔡文 [蔡哲夫印]
年月日	庚申十一月十三日（陰曆）

1089. 莫　漢

1089.莫漢（1872—？），字鶴鳴，號養雲，廣東香山（今中山）人。1921年1月9日由蔡哲夫介紹入社，入社書編號1089。1924年參加北山詩社。

南社社友錄

南社入社書

姓名	莫漢 字鶴鳴 號敦雲
年歲	四十九歲
籍貫	廣東香山
居住	廣州逢源南卅一號
通訊處	廣州沙面太古洋行
介紹人	蔡文
年月日	庚申十二月朔日（民國九年）

1090. 戴保熾

1090.戴保熾（1885—？），字德馨，廣東順德人。1921年1月23日由蔡哲夫介紹入社，入社書編號1090。

南社社友錄

南社入社書	
姓名	戴德馨 名保熾
年歲	三十名歲
籍貫	廣東 順德縣
居住	廣東 順德城內
通訊處	廣州市竹櫚街十號
介紹人	蔡哲夫
年月日	庚申十二月十五日（民國九年）

1091. 于佩銓

1091. 于佩銓（1872—？），字衡甫，廣東南海（今佛山市南海區）人。1921年1月27日由蔡行嚴、金保泰、葉敬常介紹入社，入社書編號1091。

南社入社書

姓名	于佩銓字衡甫
年歲	五十
籍貫	廣東 南海
居住	廣州 省添濠街五十一號門牌
通訊處	本寓或廣州天馬巷女子體育學校
介紹人	蔡少牧 金柳橋 葉敬常
年月日	民國十年一月廿七號即庚申夏曆十九

1092. 陳伯蘇

1092.陳伯蘇（1884—？），廣東寶安（今深圳市寶安區）人。1921年1月由謝英伯介紹入社，入社書編號1092。

南社社友錄

南社入社書

姓名	蘇伯陳
年歲	卅八
籍貫	廣東 寶安本
居住	廣州 大新街衞華店房
通訊處	仝
介紹人	謝某伯
年月日	民國十年一月

1093. 蔡薌林

1093.蔡薌林（1889—？），廣東香山(今中山)人。1921年1月由謝英伯、蔡哲夫介紹入社，入社書編號1093。

南社社友錄

南社入社書

姓名	林鄉榮
年歲	卅三
籍貫	廣東香山
居住	澳門大廟頂十式號
通訊處	西濠二馬路互助社
介紹人	俾英伯 蔡文
年月日	民國十七一月

1094. 曾貫吾

1094.曾貫吾(1888—？),江蘇儀徵人,原籍湖南。1921年1月由謝英伯、蔡哲夫介紹入社,入社書編號1094。

南社社友錄

南社入社書

姓名	曹貝五
年歲	三十四
籍貫	晴州無原演俟家口
居住	陽江縣署
通訊處	
介紹人	謝英伯 蔡哲夫
年月日	民國十年一月

1095. 吳秉鈞

1095.吳秉鈞（1872—？），原名權，改名秉鈞，字衡之，號香山老衲，廣東香山（今中山）人。1921年2月1日由蔡哲夫、謝英伯、高劍父、黃賓虹介紹入社，入社書編號1095。民初任漢英務商學校校長，1912年7月學校改名上海務商中學，任校長。

南社社友錄

南社入社書

姓名	吳衡之 號香山 老衲 名秉鈞
年歲	五十
籍貫	廣東 香山縣
居住	廣州市 河南洗涌西約土地巷住宅 善慶里 五號 / 上海南市蕭其里四美辰一二〇號
通訊處	立廣州南住宅
介紹人	蔡堃夫 謝英伯 高劍父 黃樸存
年月日	十年二月一号

1096. 黃朝桐

1096.黃朝桐（1876—？），廣西隆安人。1921年2月入社，入社書編號1096。

南社入社書

姓名	黃朝桐
年歲	四十六歲
籍貫	廣西隆安縣
居址	南區一圖頭村
通訊處	隆安南區古潭墟義興號轉
介紹人	
年月日	民國十年二月

1097. 封未鎔

1097.封未鎔（1891—？），廣西容縣人。1921年5月11日由陸嶠南、蔡哲夫介紹入社，入社書編號1097。

南社社友錄

南社入社書

姓名	封夷鎔
年歲	卅一
籍貫	廣西邕寧縣
居住	邕寧縣
通訊處	容縣楊梅利記轉陸亞居
介紹人	蔡寅 元同立
年月日	十年（辛酉四月四日）

1098. 張 翰

1098.張翰（1902—？），字迂廬，廣東香山（今中山）人。1921年5月13日由蔡哲夫介紹入社，入社書編號1098。

南社社友錄

南社入社書

姓名	張翰　別署迂廬
年歲	廿歲
籍貫	廣東香山
居住	香山沙溪久壺山館
通訊處	廣東香山沙溪萃粹文社
介紹人	蔡守
年月日	民國辛酉十年四月初陸日

1099. 朱　穎
1100. 陳綿祥

1099.朱穎（1891—？），女，字彤筠，浙江嘉善人。1921年8月14日由柳亞子、余十眉介紹入社，入社書編號1099。

1100.陳綿祥（1900—1985），女，字馨麗，一字亨利，號希處，別署秋夢齋主，江蘇吳江(今蘇州市吳江區)人，陳去病長女。1921年8月14日由柳亞子、余十眉介紹入社，入社書編號1100。曾就讀於上海競雄女校。1924年任江蘇省民治建設會秘書。1928年參與籌備南社20週年紀念活動。20世紀30年代初任國民政府司法院秘書。1935年參加南社紀念會。著有《秋夢齋焚餘詩草》等。

南社入社書

姓名	朱穎 字彤筠
年歲	廿一
籍貫	浙江嘉善
居住	上海大通路新鑫里675號
通訊處	仝上 上海成都路競雄女學校
介紹人	柳亞子 余十眉
年月日	民國辛酉八月十四日

1101. 施方白

1101. 施方白（1889—？），江蘇崇明（今上海市崇明區）人。1922年6月1日由茅祖權介紹入社，入社書編號1101。

南社入社書

姓名	施方白
年歲	三十四
籍貫	江蘇崇明
居住	崇明北新鎮
通訊處	上海嵩山路五十四
介紹人	茅祖權
年月日	十一年六月一日

1102. 趙赤羽

1102. 趙赤羽（1898—1965），字蘊安，一字允安，號流沙，別署司徒王、東山謝、紅柳村人，江蘇崇明（今上海市崇明區）人。1922年6月由茅祖權介紹入社，入社書編號1102。早年參加鳴社，1921年與聞宥一起在上海主編《禮拜花》週刊。著有《南征記》、《赤羽詩稿》等。

南社入社書

姓名	趙赤羽
年歲	二十四歲
籍貫	崇明
居住	上海西門黃家闕六十七號
通訊處	上海派克路梅福里六八七號許宅
介紹人	茅祖權
年月日	中華民國十一年六月

1103. 趙天放

1103. 趙天放（1890—？），貴州遵義人。1923年1月12日由胡樸安、胡惠生、管際安介紹入社，入社書編號1103。

南社社友錄

南社入社書

姓名	趙天放
年歲	三四
籍貫	貴州遵義
居址	上海靶子路三弄
通訊處	同上
介紹人	胡樸安 胡憨生 管際安
年月日	十二年一月十二日

1104. 闞軼群

1104. 闞軼群（1894—？），安徽合肥人。1923年1月18日由胡樸安、胡惠生、管際安介紹入社，入社書編號1104。

南社社友錄

南社入社書

姓名	闞軼群
年歲	三十歲
籍貫	安徽合肥
居址	滬甯 滬杭 南鐵編路 查課
通訊處	考範 子諾 一邢 一安 一
介紹人	胡樸安 十二年 胡思生 一月 管稚安 六日
年月日	

1105. 鄭家祚

1105.鄭家祚（1899—？），字肖厓，江蘇江寧（今南京市江寧區）人。1923年1月22日由胡樸安、胡寄塵、胡惠生介紹入社，入社書編號1105。

南社社友錄

南社入社書

姓名	鄭家祚
年歲	二十五歲
籍貫	江蘇江寧人
居址	南京長樂街中段
通訊處	上海老靶子路一三一號
介紹人	胡樸安 胡寄塵 胡惠生
年月日	民國十二年一月二十二日

1106. 唐榮陽

1106. 唐榮陽（1878—1932），字晉棠，湖南石門人。1923年1月25日由吳恭亨介紹入社，入社書編號1106。1905年出任巡警總稽查兼厘金分局局長。1913年任湘軍總司令部參議。1923年在澧州創辦九澧體育學校、女子師範學校等，自任校長。有《炮邊集》行世。

南 社 入 社 書	
姓　名	唐榮陽
年　歲	四十五歲
籍　貫	湖南石門
居　址	石門泥沙澧縣旅部或石門泥市
通訊處	
介紹人	吳恭亨十二月廿五
年月日	

1107. 薛　炎

1107.薛炎（1896—？），號季戹，安徽人。1923年1月30日由趙天放、鄭家祚、胡惠生介紹入社，入社書編號1107。

南社入社書

姓名	薛炎 號季尼
年歲	二十八
籍貫	安徽
居址	松江張堰金山苗圃乙局
通訊處	仝上
介紹人	趙天放 鄭家裕 胡惠生
年月日	十二年一月三十日

1108. 胡伯翔

　　1108. 胡伯翔（1897—？），江蘇江浦（今南京市浦口區）人。1923年2月8日由胡樸安、胡惠生、鄭家祚介紹入社，入社書編號1108。

南社社友錄

南 社 入 社 書

姓名	胡伯翔
年歲	念七歲
籍貫	江蘇江浦
居址	南京儀鳳門內二十號
通訊處	上海白克路永裡468之
介紹人	胡樸安 胡憨生 鄭家祚 先生
年月日	民國十二年二月八日

1109. 姚琴如

1109. 姚琴如（1893—？），福建寧德人。1923年2月9日由胡惠生、胡伯翔、鄭家祚介紹入社，入社書編號1109。

南社入社書

姓名	姚琴笙
年歲	三十一歲
籍貫居址	福建甯德
通訊處	上海閘北虬江路馨德里十八號
介紹人	胡懷琛 胡寄塵 鄧祖翔 鄧家祁
年月日	十二年二月九日

1110. 陸 鴻

1110.陸鴻（1900—？），字彬儒，江蘇太倉人。1923年2月13日由胡惠生、顧震生、朱瘦桐介紹入社，入社書編號1110。

南社入社書

姓名	陸鴻　字彬儒
年歲	二十四
籍貫	江蘇太倉
居址	太倉城內長豫弄
通訊處	
介紹人	胡惠生　顧旦平　朱瘦桐
年月日	十二年二月十三日

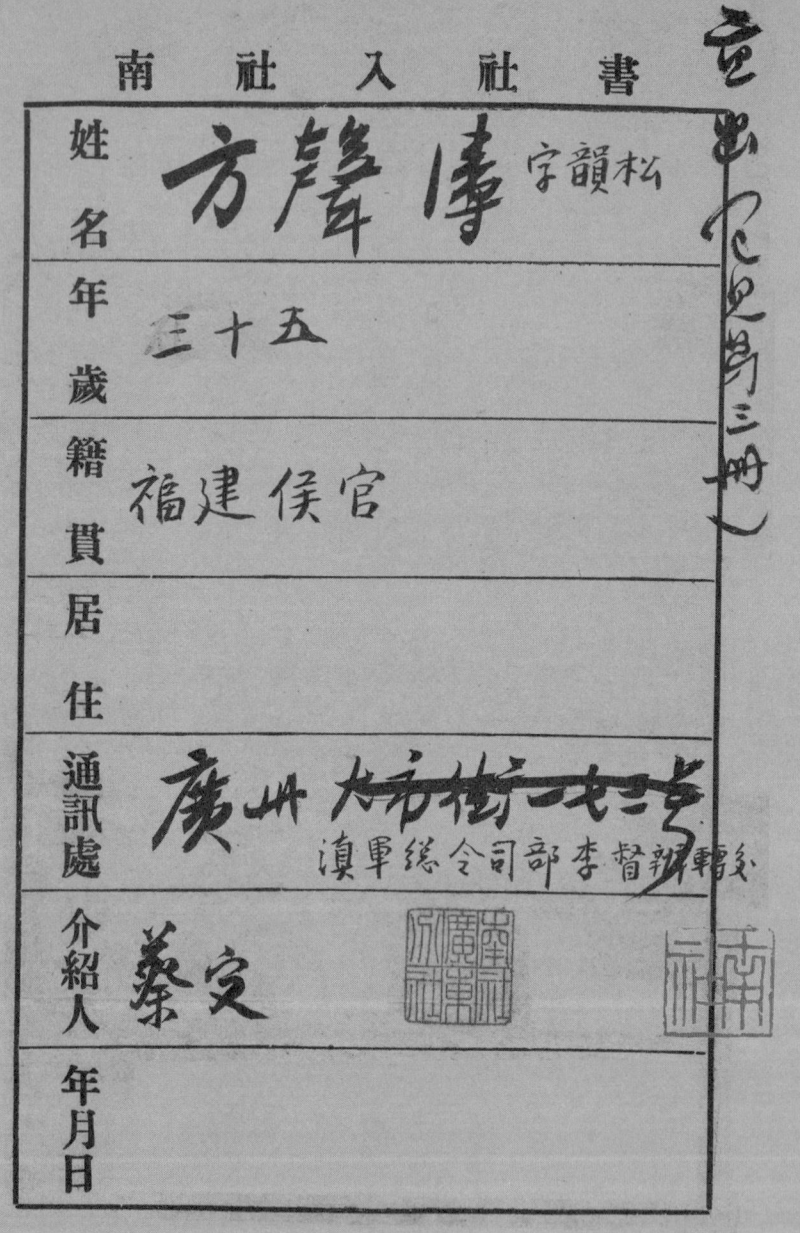

南社入社書

姓名	方聲濤 字韻松
年歲	三十五
籍貫	福建侯官
居住	
通訊處	廣州大市街一巷三号 滇軍總司令部李督辦轉交
介紹人	蔡定
年月日	

南社社友錄

重出（已見第八冊）

南社入社書

姓名	張相文字蔚西
年歲	五十四
籍貫	江蘇泗陽
居址	北京寶鈔胡同二二號
通訊處	同上
介紹人	高天梅
年月日	補填八年八月

南社社友錄

南社入社書

姓名	劉壽朋 字壽朋
年歲	二十八
籍貫	江西九江
居住	九江城內孝子坊
通訊處	韶州督辦署
介紹人	
年月日	八三廿 補填

南社社友錄

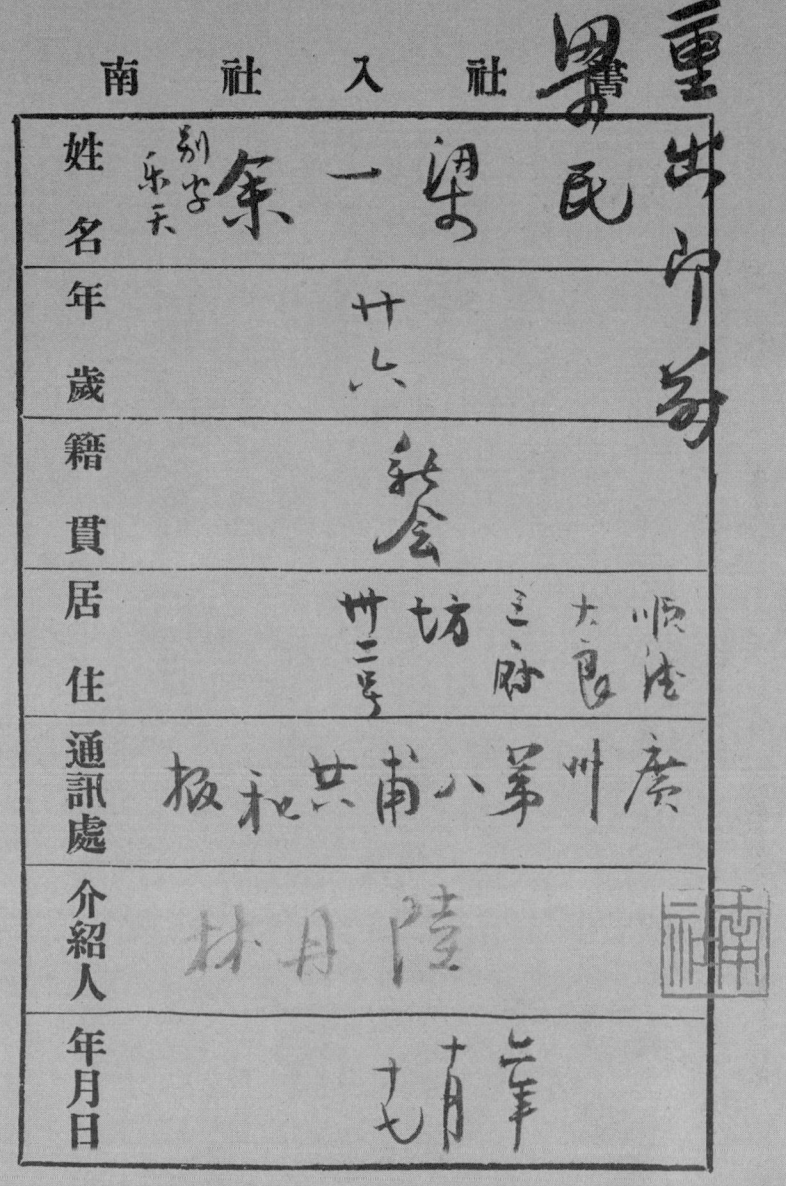

南社入社書

姓名	梁一秦 別字樂天
年歲	廿六
籍貫	順德
居住	廣州大昌三府坊卅二號
通訊處	第八甫南其和板
介紹人	陸月林
年月日	薛允華

南社社友錄

南社入社書

姓名	潘抱真
年歲	廿六歲
籍貫居住	鶴山
通訊處	第八甫廣州共和報
介紹人	林子浩
年月日	六年十月廿日

南社社友錄

南社入社書

姓名	陳秋霖 別字 獨尊
年歲	廿三歲
籍貫居住	東莞
通訊處	廣州第八甫共和報
介紹人	林直勉
年月日	六年十月廿日

重出見前

本社前次定章社友每人繳社捐一元歲繳季捐四元以為刊資補助今因社友散處四方徵收不便爰改定社友只繳入社金三元删除季捐經第三次大會公決定行凡前次曾繳入社捐一元季捐兩元者發寄收據作為收訖曾繳入社捐一元季捐一元者須補繳一元曾繳入社捐一元者須補繳兩元未繳者須繳足三元並請卽日寄交上海四馬路望平街世界社柳安如收幸勿延遲致誤社刊第三集出版之期為叩此上

先生大鑒

南社會計部白

南社社友錄

南社條例 中華民國四月六日春季雅集修訂

（一）本社以研究文學提倡氣節爲宗旨

（二）贊成本社之宗旨得社友三人以上介紹者即可入社

（三）入社須納入社金三元歲納常捐一元交本社會計部核收發給收據爲憑

（四）願入社者由本社書記部發給入社書照式填送並繳到入社金者方始正式承認能以著作及照片同寄尤善

（五）社友須不時寄稿本社以待彙刊所刊之稿即名爲南社叢刻

（六）叢刻歲刊兩集每集以百頁爲度內分詩文詞錄三種

（七）叢刻出版後分贈社友每人一册其餘作賣品

（八）本社設主任一人總攬社務幷主持選政由社友全體投票公舉會計書記各一人幹事無定額由主任委託彙職者聽

（九）本社每歲春秋兩季各舉行正式雅集一次其地址時期由書記部於一月前通告

（十）主任每歲一選舉秋季雅集前一月由書記部分發選舉票於全體社友社友接票後卽照式填寄俟雅集之日檢視票額以多數者當選連舉者得連任會計書記幹事隨主任爲進退

（十一）雅集賞臨時酌捐

（十二）社友如有違背本社宗旨損害本社名譽者得於正式雅集時提議公決削除社籍

（十三）條例有未完備處社友得於正式雅集時提議修改

（附則）本社上海通信處暫時附設靜安寺路五十一號寰球中國學生會及三茅閣橋民國日報館

附錄一：未填寫入社書社友

01. 孫景賢（1886—1919），字希孟，號龍尾，筆名阿負，別署藤谷古香，江蘇常熟人。編號一。著有《轟天雷》、《龍吟草》、《寧壽宮詞》、《梅邊樂府》、《龍尾集》等。

02. 沈汝瑾（1858—1917），字公周，號石友，別署鈍居士、聽松亭長，江蘇常熟人。編號二。著有《石友硯譜》、《鳴堅白齋詩存集》等。

03. 陸紹明（？—？），字亮人，浙江杭縣（今杭州）人。編號三。

04. 林拾穗（？—？），名孝穎，字拾采，号拾穗，福建閩侯人，为黃花崗七十二烈士之一的林覺民之嗣父。有《拾穗居士文存》一冊，藏於福建省圖書館。編號四。

05. 陳士髦（1876—？），字彥甫，號宴佛，江蘇邳縣（今邳州）人。編號五。著有《美人風箏詩集》。

06. 侯鴻鑒（1872—1961），字葆三，一作保三，號夢獅，又號病驥，別署了叟、病鰥、汗漫生，江蘇無錫人。編號六。著有《古今圖書館考略》、《無錫圖書館先哲藏書考》、《塞外紀遊》、《西秦旅行記》、《東三省旅行記》、《南洋旅行記》、《解放詩鈔》等。

侯鴻鑒

07. 俞　棟（？—？），女，字廷材，江蘇寶山（今上海市寶山區）人。編號七。著有《圮上客遊草》。

08. 周夢熊（？—？），字佩姜，江蘇松江（今上海市松江區）人。編號八。

09. 瞿方思（？—？），字蓀樓，湖南永順人。編號九。

10. 張佚凡（？—？），女，名雪，字逸帆；一姓林，又名宗雪，浙江平湖人。1910年8月入社，編號十。曾發表《女子參政同志會宣言書》。

張佚凡

11. 郁華（1884—1939），原名慶雲，後更名華，字曼陀，別署曼君、曼公，齋名靜遠堂，浙江富陽（今杭州市富陽區）人，文學家郁達夫之兄。編號十一。著有《郁曼陀陳碧岑詩鈔》、《靜遠堂詩畫集》。

郁華

12. 卓尚誠（？—？），字真吾，江蘇江寧（今南京市江寧區）人。1910年4月入社。編號十二。

13. 黃人（1866—1913），原名振元，又名震元，後更名人昭，字慕韓、慕庵，又字羨涵，中年時易名黃人，號摩西，別署蘭君、夢庵、慕雲等，江蘇常熟人。編號十三。1900年，被東吳大學聘爲國學總教習；同年在蘇州與龐樹松、龐樹柏兄弟組織成立"三千劍氣文社"，並與黃謙齋、龐樹松在蘇州創辦蘇州歷史上第一張白話報紙《獨立報》。1907年1月在上海創辦《小說林》月刊，任主編。著有《中國文學史》、《小說評林》、《石陶梨煙室詩》、《摩西詞》、《蠻語摭殘》等，譯有《大獄記》、《啞旅行》、《銀山女王》、《紫雲回》、《紅勒帛》等，編有《普通百科新大辭典》等。

黃人

14. 馬敘倫（1885—1970），字夷初，一作彝初，號石翁、寒香，別署嘯天生、嘯天子，晚號石屋老人，浙江杭縣（今杭州）人。1910年4月入社，編號十四。著有《馬敘倫學術論文集》、《說文解字研究法》、《說文解字六書疏證》、《老子校詁》、《石屋餘瀋》、《石屋續瀋》等。

15. 王　銳（？—？），字劍丞，浙江平陽人。編號十五。

16. 王　凝（？—？），字冰肅，浙江瑞安人。編號十六。

17. 周　覺（1880—1933），原名延齡，字君鶴，亦字柏年，號訒庵，別署一覺百年，浙江吳興（今湖州）人。1910年8月入社，編號十七。

18. 溫雪簃（？—？），廣東人。編號十八。

19. 張　靖（1880—1967），字仲明，號寒杉，別號木雞散人，又署劍人、莊諧、漆室，化名秦時敏，陝西咸陽人。編號十九。

20. 畢希卓（1892—1926），原名振達，又名倚虹，字希卓，號幾庵，又號清波、娑婆生、春明逐客等，江蘇儀徵人。編號二十。著有《畢倚虹說集》、《光緒宮詞》、《春江花月夜》、《猩紅》、《清宮談舊錄》、《銷魂詞》、《幾庵絕句》、《狎邪鏡》、《紅粉金戈記》、《寫意朋友》、《人間地獄》、《未來之上海》等。

21. 尚　志（？—？），字志軍，號慕姜，別號老僧，以慕姜行，浙江杭縣（今杭州）人。編號二十一。

22. 蔣洗凡（1881—1915），原名衍昇，字錫蕃，又字洗凡，以洗凡行，山東博山（今淄博市博山區）人。編號二十二。著有《日出處小吟》一卷，未刊行。

馬敘倫

畢希卓

蔣洗凡

23. **馮寶穌**（？—？），字森蓀，一作森孫，江蘇武進（今常州市武進區）人。編號二十三。

24. **程家檉**（1874—1914），字韻笙，亦作韻生，一字韻蓀、韻孫，號下齋，亦署下齊，安徽休寧人。編號二十四。撰有《袁世凱黃粱夢》。

25. **沈右揆**（1888—1937），女，原名鏳，字右揆，浙江嘉興人，沈鈞儒之妹。編號二十五。繪有《金陵十二釵圖》、《黛玉葬花圖》、《貴妃圖》、《明妃出塞》等畫作。

程家檉

26. **吳清庠**（1878—1961），一名庠，字眉孫，號寒竽，別署竽公、竽叟、雙紅豆齋主等，江蘇丹徒（今鎮江市丹徒區）人。編號二十六。著有《寒竽詞》、《綠麈韻語》。

27. **唐家偉**（1888—1946？），女，字敏慎，湖南寧鄉人。編號二十七。

28. **釋永光**（1861—1925），俗姓張，字海印，號憨頭陀，長沙開福寺住持，湖南益陽人。編號二十八。有《海公遺詩》二卷。

29. **談善吾**（1868—1937），又名談治、談長治，別號談老談，筆名老談，江蘇無錫人。編號二十九。著有《夸父逐日記》、《女蝛記》、《白絲巾》、《孝感記》、《倒亂春秋》、《真因果》、《剖心記》、《亡國奴傳奇》等。

30. **朱靜宜**（？—？），女，湖南湘潭人。編號三十。

31. **朱品瑩**（？　？），女，湖南湘潭人。編號二十一。

32. **張我華**（1886—1938），安徽鳳陽人。編號三十二。

33. 陳聘之（1877—？），名嘉渭，字炳森，號聘之，安徽六安人。編號三十三。譯有世界文學名著《白石上》。

34. 朱文藝（？—？），字漱六，籍貫未詳。編號三十四。

35. 朱震一（？—？），浙江嘉興人。編號三十五。

36. 鄭冬心（？—？），籍貫未詳。編號三十六。

37. 鄭守馨（？—？），字季明，福建閩侯人。編號三十七。

38. 李安陸（？—？），籍貫未詳。編號三十八。

39. 姚存競（？—？），籍貫未詳。編號三十九。

40. 梅繩武（？—？），籍貫未詳。編號四十。

41. 陶名珍（？—？）籍貫未詳。編號四十一。

42. 陶采彬（？—？），江蘇南匯（今上海市浦東新區）人。編號四十二。

43. 文韶雲（1883—1969），名群，字韶雲，江西萍鄉人。編號四十三。

44. 錢仲英（？—？），名競，字仲英，江蘇松江（今上海市松江區）人。編號四十四。

45. 吳 鼐（1877—1915），字慕堯，一作慕姚，號虎頭，貴州黎平人。編號四十五。

46. 吳容齋（？—？），籍貫未詳。編號四十六。

吳 鼐

47. 吳雪東（？—？），籍貫未詳。編號四十七。

48. 劉庸民（？—？），籍貫未詳。編號四十八。

49. 羅翥（？—？），字藝夫，號亦佛，籍貫未詳。編號四十九。

馮懋龍

50. 馮懋龍（1882—1958），字健華，別署自由，廣東南海（今佛山市南海區）人。編號五十。著有《革命逸史》、《中華民國開國前革命史》、《華僑革命開國史》、《華僑革命組織史話》、《三次革命軍》等。

51. 居 正（1876—1951），字覺生，號梅川，別署生公、東辟、藥石、楊行老農，湖北廣濟（今武穴）人。編號五十一。著有《梅川日記》（名《辛亥劄記》），出版有《居覺生先生全集》等。

居 正

52. 郭人漳（？—1922），字葆生，湖南湘潭人。編號五十二。

53. 徐聲金（1874—1958），字難愚，一字蘭於，號蘭如，湖北天門人。編號五十三。

54. 劉成禺（1876－1963），字禺生，筆名壯夫、漢公、劉漢，湖北武昌人，生於廣東番禺。編號五十四。1903年加入興中會，入日本成城陸軍預備學校。後赴美入加州大學攻讀。1912年任南京臨時參議院湖北省參議員、北京臨時參議院議員；次年4月，第一屆正式國會開幕，任參議院議員。1917年8月，任廣州國會非常會議參議院議員；9月，被孫中山聘為大元帥府顧問。1921年5月，奉派為總統府宣傳局主任。1923年3月，被孫中山任爲大本營參議；同年12月任國民黨臨時中央執行委員。1931年任監察院監察委員。1932年回湖北，後從事湖北文獻纂修工作。1947年10月，在廣州就任兩廣監察使。著有《太平天國戰史》、《洪憲紀事詩本事簿注》、《世載堂詩集》、《世載堂筆記》、《世載堂雜憶》《禺生四唱》、《先總理舊德錄》、《中國五大外交學者口授錄》、《憶江南雜詩注》等。

55. 胡蕡卿（？—？），籍貫未詳。編號五十五。

56. 陳寶書（？—1937），字豪生，號尊我，湖北江夏（今武漢市江夏區）人。編號五十六。著有《工餘談藝》等。

57. 拓澤濱（？—？），字魯生，貴州貴陽人。編號五十七。

58. 錢詩楨（？—？），字憲民，江蘇太倉人。編號五十八。

59. 沈　鈞（？—？），字半峰，安徽合肥人。編號五十九。

60. 公孫長子（1882—1942），原名余切，又名蘭陔，字培初，化名公孫長子，四川內江人。編號六十。1907年經熊克武介紹加入中國同盟會。1911年參加山西晉軍起義。1915年後，回四川先後參加了熊克武的討袁護國戰爭及以後的護法戰爭。1930年後，任新編十九路軍副師長，曾參加對紅軍的第三次"圍剿"，被紅軍擊敗後退役，翌年回到內江定居。長於書法。

61. 鄧文翬（1879—1957），字蕘青，江西峽江人。編號六十一。

62. 羅劍仇（1885—1917），湖南大庸（今張家界）人（一說醴陵人）。編號六十二。

63. 錢伯良（？—？），籍貫未詳。編號六十三。

64. 田　僑（1902—1960），字東里，湖北蘄春人。編號六十四。著有詩集《又玄律存》。

65.于右任（1879—1964），原名伯循，又名敬銘，字右任，化名劉學裕，筆名騷心，號神舊主，別署髯翁、大風、關西餘子，晚年號太平老人、痛臂翁等，陝西三原人，國民黨元老。編號六十五。著有《右任文存》、《右任詩存》、《右任墨存》、《于右任先生文集》、《牧羊兒自述》等。

于右任

66.楊天驥（1882—1958），原名錫驥，字駿公，號千里，別署天馬、東方、聞道、繭廬，江蘇吳江（今蘇州市吳江區）人。編號六十六。著有《繭廬吟草》、《繭廬印痕》、《繭廬長短句》、《繭廬治印存稿》等。

楊天驥

67.徐 珂（1869—1928。），原名昌，又名珂，字仲可，別署中可、仲玉等，室名天蘇閣、純飛館等，浙江杭縣（今杭州）人。編號六十七。輯有《清稗類鈔》、《國難稗鈔》、《晚清禍亂稗史》、《歷代白話詩選》、《越縵堂詩話》等；著有《真如室詩》、《純飛館詞》、《近詞叢話》、《清代詞學概論》、《歷代詞選集評》、《清朝野史大觀》、《天蘇閣叢刊》等。

68.陳閎慧（1894—1953），字仲陶，號劍廬，浙江永嘉人。編號六十八。著有《劍廬詩鈔》、《仲陶詩草》、《劍廬文稿·詞話》、《將車集》等。

69.周積芹（1869—1933），字洛奇，江蘇吳江（今蘇州市吳江區）人。編號六十九。編有《綠廬詩稿》。

70.秦錫圭（1864—1924），字鎮國，號介侯，晚號見齋，江蘇上海縣（今上海市）人。編號七十。著有《補〈晉書〉執政表》、《補〈晉書〉方鎮表》（均刊於《二十五史補編》）以及《見齋詩文集》等。

71. 葛昌楣（1886—1964），一作昌眉，字詠莪，號蔭梧，又號雍吾，別署韜華，浙江平湖人。編號七十一。著有《藦蕪紀聞》、《橅六朝碑碣》。

72. 紀國振（？—？），女，字俠中，浙江吳興（今湖州）人。編號七十二。

73. 趙煒如（1884—1960），又名恩彤，字堅白，安徽太湖人。編號七十三。

附錄二：新南社社友錄

1923年10月14日，新南社在上海福州路小花園都益處菜館召開成立會，參加此成立會的共38人，分別是：

柳亞子	吳豹軍	陳綿祥	朱劍芒	朱錫梁	葉楚傖	姚　光
王德鍾	馮　平	汪文溥	趙赤羽	周　偉	丁上左	余十眉
朱謙良	朱宗良	陳布雷	邵力子	胡樸安	胡惠生	吳子垣
呂志伊	柳冀高	柳景高	陳起東	沈君匋	王秋厓	狄　侃
胡伯翔	潘公展	邵瑞彭	陳望道	胡　淵	朱貫成	汪精衛
黃懺華	張　繼	許翰屏				

新南社社友錄（共216人）

蔡景明	蔡韶聲	曹伯鏞	曹聚仁	陳布雷	陳巢南	陳次青	陳德徵
陳端白	陳亨利	陳戩人	陳陶遺	陳望道	陳問陶	陳虞熏	陳越流
陳子芬	承玉書	程善之	程少初	程習朋	戴傳賢	狄狄山	丁白丁
丁菊舫	費一瓢	費織雲	馮超塵	馮培風	馮壯公	傅屯艮	傅彥長
高爾柏	高爾松	高天棲	葛蔭梧	顧悼秋	顧明禮	管際安	杭辛齋
何凝冰	洪董父	洪荊山	洪雄聲	胡伯翔	胡惠生	胡寄塵	胡劍鴻
胡樸安	胡漳平	黃懺華	黃人濟	簡伯龍	金蘭畦	金勵生	經子淵
闞軼群	李純康	李澄宇	李鴻梁	李康佛	李沙川	李一民	廖仲愷
林立山	林一厂	凌誦美	凌文之	凌昭懿	劉大白	劉　三	劉雪耘
柳公望	柳均權	柳率初	柳搏霄	柳無忌	柳亞子	盧冀野	魯若衡
陸丹林	陸起華	陸仲堅	駱邁南	呂天民	馬君武	馬鳴風	馬惕冰
毛嘯岑	莫伯恒	鈕擎球	潘朗軒	潘有猷	彭飭三	彭振綱	錢景顏
邱荷公	邱糾生	任夢癡	汝景星	邵次公	邵力子	邵無妄	邵元沖
沈道非	沈膚雲	沈復鏡	沈冠時	沈華升	沈見羊	沈劍霜	沈君崇
沈君匋	沈眉若	沈玄廬	沈怡中	沈穎若	沈志儒	史冰鑒	宋詒于
蘇躍雲	孫仲瑛	譚雪廬	唐純茵	唐盧鋒	唐誦清	陶崛原	陶神州
陶小柳	陶小沚	田個石	田星六	汪大千	汪季新	汪蘭皋	汪瑩中
王粲君	王長公	王大覺	王復孫	王尊農	王閬穠	王眉禪	王秋程

王秋厓	王世穎	吳豹軍	吳景文	吳靜山	吳煉才	吳孟芙	吳少薇
吳桐坡	吳中和	謝鳴九	謝英伯	徐砥平	徐弘士	徐寄塵	徐蓬軒
徐沈玉	徐蔚南	徐仲可	許翰屏	許豪士	許紉秋	楊少碧	楊杏佛
姚石子	姚鵷雛	葉楚傖	殷劍侯	于右任	余十眉	余小眉	余辛甫
俞慧殊	俞劍華	俞玉其	郁佐皋	郁佐梅	袁鐵錚	曾演復	張花魂
張靜廬	張破浪	張溥泉	張石樵	張鐵生	張同光	張心撫	張雪抱
張雪雷	張雪廬	趙芳積	趙天放	趙蘊安	鄭佩宜	鄭桐蓀	鄭肖厓
仲中	周剛直	周介子	周人菊	朱鳳蔚	朱貢生	朱季恂	朱劍芒
朱梁任	朱南岑	朱少屏	朱翊新	朱枕薪	朱智千	朱宗良	朱尊一

附錄三：南社湘集會員名錄（共280人）

畢世勳	卜世藩	蔡人龍	蔡守	蔡彤	蔡寅	蔡真	曹經沅
陳寶書	陳粹勞	陳芬	陳繼訓	陳家慶	陳家英	陳兼善	陳樸
陳守治	陳叔渠	陳偶	陳毓華	陳運彰	陳兆年	成本璞	崔師貫
鄧爾雅	鄧寄芳	鄧小蘇	鄧章興	鄧肇真	鄧鍾岳	丁良楨	方克剛
方嚴	費硯	馮超	馮復庵	馮平	馮天柱	馮玉	傅霖
傅紹禹	傅韻雄	傅屯艮	甘融	高珪	高燮	龔承上	龔承桃
龔爾位	龔逸	古直	谷懺梅	顧悼秋	郭醇	郭希隗	韓道明
何冰甫	何覺	何惺常	何雅選	何揚烈	何元文	何振鏞	洪奐
洪聿幹	侯服周	許德彰	許觀	許彥飛	皇甫楚佛	黃賓虹	黃佛頤
黃復	黃芥彌	黃鈞	黃冷觀	黃鏐	黃修杞	黃以寬	黃應逵
黃喬	黃鉞	黃正理	黃仲琴	賈文漣	江亢虎	姜景伯	姜可生
姜若	蔣道孫	金次仁	金緘三	金燮夔	金壯春	經珊	康振
匡弼	匡懷瑾	勞緯孟	黎澤泰	李澄宇	李德群	李賡	李輝群
李景康	李開運	李況松	李如煥	李濤	李支宇	李舟萬	梁楚三
梁培慰	梁發光	廖公俠	廖家駒	凌鴻年	凌昭懿	劉伯端	劉德龍
劉鵬年	劉謙	劉聲鏗	劉燾	劉萬章	劉文驤	劉澤湘	劉煦燾
劉毅夫	劉膺古	劉振華	劉宗向	柳昶鋆	柳冀高	柳遂	龍曙
盧卓民	魯蕩平	陸更存	羅爾瞻	羅挈綱	羅賽雲	羅世彝	羅五洲
羅植乾	羅志遠	駱鵬	呂鎮	馬小進	馬惕冰	梅嶺先	孟憲慈
孟昭文	繆鴻若	莫漢	莫樹德	莫載	莫兆文	莫祖介	潘世謨

潘 毅	彭 昺	彭飛健	秦寄宇	邱荷公	邱翊華	區月恒	任凱南	
單聿行	邵瑞彭	沈厚穌	沈 礪	壽石工	談溶溶	談文灯	譚 銘	
譚元徵	唐德度	唐振鐸	陶 廣	陶孝宗	田名譽	田興奎	汪漢滔	
王存統	王大楨	王德錡	王國毅	王 競	王立均	王啟華	王時彥	
王世龍	王瀛洲	文 斐	吳 楚	吳恭亨	吳 侃	吳愈材	伍澄字	
奚 侗	向玉楷	肖 幹	肖石朋	謝鴻熙	謝華國	謝植黃	謝周翰	
熊立鑒	徐寶泰	徐炳恒	徐 倩	徐 毅	徐 英	顏昌嶢	顏宗魯	
陽名傳	陽千山	楊棣棠	楊剛存	楊暉山	楊金海	楊秋瀛	楊 曙	
楊貽謀	楊玉衛	姚禮權	姚石子	葉敬常	于鴻煒	于鴻文	于小川	
余德沅	余 鯤	余其鏘	余一中	俞 琪	俞祖望	袁家普	袁 柳	
岳德威	張 冰	張翰儀	張花魂	張景遼	張破浪	張啟漢	張傾城	
張瑞彤	張 素	張雲飛	張昭漢	趙丙麟	趙長吉	趙聲煦	趙宗翰	
甄 陶	鄭天健	鄭 翼	鍾愛琴	周長憲	周 方	周 明	周培燾	
周圖瑞	朱德龍	朱純經	朱 可	朱念慈	朱謙良	朱少巽	朱師海	
朱 端	朱熙瑞	朱澤溥	朱澤潤	莊玉坡	鄒浚明	左紀勳	左銘三	

附錄四：南社廣東分社社員姓氏錄（共53人）

蔡 守	蔡行嚴	陳巢南	陳兆年	鄧爾雅	鄧桂史	杜之杕	方聲濤
高 旭	胡熊鍔	黃佛頤	黃冠英	黃 蕙	黃 永	霍庻明	簡 華
金保泰	李一民	李 哲	廖從本	劉鳳鏘	劉筱雲	盧 諤	盧友恒
蘆 鑄	陸更存	羅致遠	馬駿聲	潘觶仲	秦錫圭	沈鈞儒	釋鐵禪
孫 璞	汪季新	謝華國	謝祖賢	徐紹榮	楊虞笙	姚禮修	葉敬常
尹 燨	俞 鍔	張處萃	張蕚林	張光翩	張光蕙	張光蘐	張悔庵
張開儒	張傾城	周積芹	周松年	朱克昌			

附錄五：南社歷次雅集及紀念活動參加者名錄

第一次雅集（社友17人，來賓2人）

時間：1909年11月13日　地點：**蘇州虎丘張國維祠，召開成立會**

陳去病	柳亞子	朱錫梁	龐樹柏	陳陶怡	沈 礪	俞劍華	馮 平	
趙正平	林 礪	朱少屏	諸宗元	林之夏	景耀月	胡穎之	黃賓虹	
蔡 守								

社友17人中，14人爲中國同盟會會員。來賓2人爲張寀甄、張志讓。

第二次雅集（17人）

時間：1910年4月10日　地點：杭州西湖唐莊

陳去病　柳亞子　陳陶怡　朱少屏　鄒　銓　蔡　模　楊　瑫　李光德
章　梓　卓尚誠　王文熙　邱望崙　周承德　馮敘倫　程宗裕　雷昭性
陳　鈍

第三次雅集（19人）

時間：1910年8月16日　地點：上海張家花園

柳亞子　朱少屏　馮　平　黃賓虹　雷昭性　包天笑　余天遂　朱曾潛
朱　帟　鍾　英　蔡　權　何　痕　華　龍　周　覺　張宗雪　孔慶萊
王毓仁　范光啟　林　獬

其中王毓仁、黃賓虹、周　覺三人未參加攝影。

第四次雅集（34人）

時間：1911年2月13日　地點：上海愚園

柳亞子　陳去病　余天遂　朱少屏　俞劍華　鍾　英　蔡　權　何　痕
沈　礪　張　雪　沈昌直　錢祖憲　費公直　費榮錦　吳相融　陶賡照
宋銘穀　姚　光　高天梅　李維翰　陸曾沂　馮　泰　周祥駿　瞿　鉞
李　拙　周　鈺　孫　英　張庭輝　顧炎祥　錢厚貽　周亮才　胡樸安
漆雲卿　陽兆鯤

第五次雅集（35人）

時間：1911年9月17日　地點：上海愚園

柳亞子　朱少屏　龐樹柏　俞劍華　陶賡照　宋銘穀　姚　光　高天梅
鍾　英　蔡　權　沈　礪　華　龍　張庭輝　周　亮　黃賓虹　胡樸安
陽兆鯤　鄭　傳　鄭　瑛　孫延庚　姜　仁　韓　蘇　程振傑　陳其美
宋　琳　陳布雷　陳子範　葉振譞　胡懷琛　傅　專　黃　鈞　宋教仁
李瑞椿　呂志伊　朱葆芬

第六次雅集（40人）

時間：1912年3月13日　地點：上海愚園

柳亞子　朱少屏　馮　平　龐樹柏　姚　光　鄒　銓　鍾　英　顧彥祥
王文熙　黃賓虹　胡樸安　陽兆鯤　雷昭性　葉楚傖　汪　東　徐宗鑒
杜　詩　沈　琨　袁　圻　馬駿聲　梁　龍　王錫民　曾　鏞　陳　柱
黎熙從　曾延年　吳修源　沈　翰　周　偉　陶　鑄　汪　洋　陶　牧

譚介夫　陳家鼎　陳家英　陳家傑　黃　侃　李叔同　李雲虁　馮　泰

第七次雅集（35人）

時間：1912年10月27日　地點：上海愚園

柳亞子　鄭佩宜　陶虜照　宋銘穀　龐樹柏　高天梅　姚　光　沈　礪
朱少屏　李　拙　孫　鵬　錢厚貽　胡樸安　胡懷琛　汪　洋　陳家英
陳家傑　高　燮　王粲君　楊錫章　姚錫鈞　陳　蛻　汪文溥　沈　沅
吳有章　蔣同超　王蘊章　莊慶祥　姜可生　李雲虁　張傳琨　楊嗣軒
俞宗原　程善之　殷　仁

第八次雅集（12人）

時間：1913年3月16日　地點：上海愚園

姚石子　高吹萬　姚鵷雛　周人菊　程善之　胡樸安　胡寄塵　汪子實
錢卓然　林一厂　郭步陶　王吉樂

第九次雅集（16人）

時間：1913年10月16日　地點：上海愚園

陳去病　姚　光　高吹萬　楊錫章　姚錫鈞　俞劍華　汪文溥　王蘊章
朱少屏　李雲虁　胡樸安　胡懷琛　汪　洋　周　斌　鄭　權　徐朗西

按：此名單爲柳亞子在《南社紀略》中的記錄，但據《南社史長編》，這次雅集"先期由陳去病、高旭、柳亞子、徐自華、姚光、陳陶怡、葉楚傖、黃賓虹、吳梅、蘇曼殊等40餘人聯名於《民權報》發表啟事，但實際上柳亞子並未預聞。"（《長編》第345頁）而且龐樹柏、高天梅分別賦詩記載此事：《重九社集愚園賦示巢南諸子》（龐樹柏）、《九日南社雅集滬上，即席賦此》（高天梅）。故具體參加者應不止16人。

第十次雅集（18人）

時間：1914年3月29日　地點：上海愚園

陳去病　葉楚傖　龐樹柏　俞劍華　馮　平　汪文溥　蔣同超　朱少屏
周　斌　胡樸安　胡懷琛　林一厂　呂志伊　沈天行　陳世宜　程萇碧
張默君　蕭公望

第十一次雅集

時間：1914年10月10日　地點：上海愚園

參加者不詳。

第十二次雅集（42人）

時間：1915年5月9日　地點：上海愚園

陳去病　柳亞子　鄭佩宜　蔡寅　葉楚傖　余天遂　姚光　高燮
馮平　汪文溥　王蘊章　宋一鴻　朱少屏　陳世宜　李雲夔　周斌
朱宗良　徐自華　陳布雷　邵力子　徐大純　胡懷琛　陸衍文　周瘦鵑
許湘　狄君武　顧震生　蔡璿　李志宏　陳以義　余十眉　徐蘊華
錢永銘　劉筠　章閭　周湘蘭　劉鵬年　周宗澤　曾蹟　張光厚
白炎　杜義

第十三次雅集（27人）

時間：1915年10月17日　地點：上海愚園

蔡寅　葉楚傖　姚光　蔡模　王燦　狄君武　汪文溥　鄭國準
姜可生　陸曾沂　朱少屏　陳世宜　李志宏　李雲夔　周斌　余十眉
劉筠　邵力子　胡懷琛　劉鵬年　黃瀾　張光厚　申樨　王文濡
鍾觀誥　王時傑　張燾

第十四次雅集（56人）

時間：1916年6月4日　地點：上海愚園

柳亞子　鄭佩宜　葉楚傖　陸衍文　龐樹柏　余天遂　楊錫章　姚錫鈞
狄君武　顧震生　汪文溥　朱少屏　陳世宜　李志宏　李拙　孫鵬
周斌　余十眉　朱宗良　張一鳴　錢永銘　劉筠　邵力子　陶牧
胡樸安　程葭碧　汪洋　張光厚　白炎　申樨　柳無忌　黃復
陳洪濤　陸明堃　公羊壽　張翀　王德鍾　鄭文　奚囊　盛昌傑
朱翱　許蘇民　張素　貢少芹　陳栩　丁三在　顧平子　戚牧
胡惠生　杭海　方培良　林庚白　成舍我　葉夏聲　鄧家彥　劉民畏

第十五次雅集（34人）

時間：1916年9月24日　地點：上海愚園

柳亞子　鄭佩宜　黃復　朱錫梁　葉楚傖　姚光　何痕　姚錫鈞
張翀　奚囊　汪文溥　陸曾沂　朱少屏　蔡璿　周斌　錢厚貽
張傳琨　張一鳴　徐思瀛　邵力子　章閭　程葭碧　汪洋　張燾
黃瀾　謝華國　李叔同　凌景堅　蒯貞幹　劉天徒　于定　郁世羹
吳夢非　丁湘田

第十六次雅集（39人）

時間：1917年4月15日　地點：上海徐園

柳亞子	鄭佩宜	黃　復	朱錫梁	葉楚傖	余天遂	奚　囊	汪文溥
朱少屏	蔡　璿	丁三在	顧平之	孫　鵬	周　斌	余十眉	郁世羹
朱宗良	王文濡	劉　筠	邵力子	汪　洋	呂碧城	張　熹	張默君
成舍我	張光厚	沈次約	聞　宥	姚煥章	姚肖堯	李中一	丁上左
丁以布	沈文華	沈琬華	郁世爲	郁世烈	邵元沖	吳　幹	

第十七次雅集（26人）

時間：1919年4月6日　地點：上海徐園

余天遂	姚石子	王玄穆	朱瘦桐	姚民哀	汪蘭皋	王西神	宋癡萍
朱少屏	朱宗良	張心燕	劉筱野	邵力子	胡樸安	汪子實	傅鈍根
何震生	顧澄亞	朱鳳蔚	劉豁公	文牧希	文湘芷	鍾愛琴	羅劍仇
田梓琴	吳少薇						

第十八次雅集（23人）

時間：1922年6月11日　地點：上海半淞園

高天梅	顧旦平	于秋墨	丁白丁	周芷畦	余十眉	郁佐皋	朱宗良
徐懺慧	張心燕	徐夢鷗	胡樸安	胡惠生	吳少薇	陳綿祥	朱劍芒
顧悼秋	許慧墨	張花魂	趙蘊安	張蕚蓀	沈伯經	洪荊山	

南社20週年紀念會（40人）

時間：1928年11月12日　地點：蘇州虎丘

陳去病	費公直	吳相融	淩景堅	陳綿祥	朱劍芒	朱梁任	包天笑
余天遂	姚　光	高　珪	沈　礪	馮　平	狄　膺	趙赤羽	程光甫
胡穎之	邵力子	邱望崙	陶　牧	黃賓虹	胡樸安	胡惠生	胡懷琛
郭　惜	呂志伊	陸明桓	范煙橋	朱秋岑	范君博	陸兆鵾	龐樹松
唐　奇	馮　飛	馮　超	莊先識	韓亮夫	陳乃乾	平智礎	張百川

臨時雅集

1912年

9月　北京黃興臨時寓所

杭席洋	夏光禹	伍仲文	顧養吾	楊廷溥	朱少屏	蔡冶民	陳陶遺
吳信三	周天石	張彥成	朱叔建	周　康	彭俠公	葉楚傖	殷鑄夫
姚雨夫	黃克強	程家檉	陳英士	楊嘯倉	周志成		

9月25日　長沙烈士祠

成本璞　孔昭綬　譚覺民　文　斐　文　斌　劉師陶　李德群　黃　堃
譚作民　朱德龍　劉　謙　鄭　澤　宋一鴻　方榮杲　傅　專　陳去病
陳家驌　唐家偉　海印和尚

1913年

4月27日　畿輔先哲祠

高　旭　陳去病　張心薰　陳景賢　黃宗麟　吳修源　杭辛齋　宋紫佩
江鏡清　邵次公　朱文藝　周　斌　呂志伊　張　烈　梁　復　陳守謙
陳士髦　姚勇忱　狄樓海　張我華　陳家鼎　谷思慎　周亮才　田　桐
林百舉　林亮奇　席　綬　陳九韶　周　珏　林庚白

說明：據陳去病存《畿輔先哲祠分韻》詩集一卷，見《南社》十二集。

6月10日　北京崇效寺

吳雪東　謝抱香　周芷畦　顧九一　陳仲權　周亮才　張心薰　杭辛齋
陳景賢　梁　復　邵次公　高　旭　吳信三　陳去病

說明：據陳去病存《崇效寺看牡丹分韻》詩集一卷，見《南社》十二集。

1914年

5月24日　上海愚園

陳去病　柳亞子　陶賡照　宋銘穀　葉楚傖　龐樹柏　徐宗鑒　鍾　英
汪文溥　蔣同超　王蘊章　周　偉　朱少屏　陳世宜　陳布雷　林一厂
呂志伊　蔡　寅　陸子美　金兆芬　宋一鴻　承家麟　洪爲藩　邵天雷
朱宗良　徐自華　徐大純　王　橫　周錫三　謝良牧

8月　上海徐園

俞劍華　汪文溥　朱少屏　陳世宜　朱宗良　徐大純　胡樸安　張默君
林一厂　曾　鏞　呂志伊　鄭國準　邵力子　呂碧城　黃　瀾　申　樫

1915年

5月16日　杭州孤山

柳亞子　李叔同　高　燮　姚　光　丁以布　丁三在　王毓岱　陳無用
陳　樗　張心薰　林之夏等

1916年

4月19日　上海徐園

龐樹柏　徐宗鑒　高　旭　鍾　英　汪文溥　朱少屏　孫　鵬　周　珏
錢永銘　陳家鼎　周宗澤　白　炎　張一鳴　陸嶠南　拓澤濱　趙世鈺

6月21日　長沙琴莊

鄭　澤　譚覺民　譚作民　龔爾位　彭斟雉　傅　專　黃　鈞　劉　謙
漆雲卿　孔昭綬　王　競　海印和尚

8月20日　上海愚園

蔡　寅　葉楚傖　鍾　英　姚錫鈞　許蘇民　汪文溥　鄭國準　王蘊章
姜可生　朱少屏　朱宗良　汪　洋　杭　海　蕭公望　黃　瀾　呂志伊
徐朗西　申　樨　費　硯　曹鳳儀　戴天球　劉　三　周越然　徐思瀛
謝華國　馬君武

8月27日　北京中央公園上林春

趙厚生　邵元沖　徐粹庵　吳省三　凌蕉庵　黃膺白　馬小進　高　旭
居　正　葉競生　景耀月　白逾桓　狄觀滄　殷鑄夫　周天石　宋寰公
杭辛齋　張彥成　邵次公　張我華　趙其相　周景瞻

9月24日　上海徐園

凌蕉庵　俞劍華　彭昌福　李潤生　李子寬　宋寰公　李超君　張維城
宋紫佩　殷人庵　狄　膺　陶小柳　張彥成　周景瞻　邵次公　陳少芸
胡樸安　陳彥甫　張蔚西　徐粹庵　陳匪石　田　桐　申眠觀　高　旭
景耀月　蔡少黃　徐　南

9月24日　長沙棗園

傅　專　黃　鈞　馬　卓　劉澤湘　劉　謙　李建隆　駱　鵬　王祝鵬
陳家鼎　郭開第　黃　镠　王　競　劉師陶　張啟漢　龔爾位　余　鯤
文　斐　曾純陽　簡　易　鄭　澤　李澄宇　姚大慈　謝　晉　譚戒甫
易　象　羅劍仇　劉宗向　譚覺民　黃　坤　孔昭綬

11月12日　北京中央公園

吳信三　茅諒薰　田　桐　陳匪石　呂志伊　張雨樵　陳去病　馮自由
田　僑　張遵午　白逾桓　高　旭　李潤生　宋寰公　吳眉孫　楊隨庵
周亮才　俞劍華　李晦庵

1917年

3月25日　廣州六榕寺（廣東分社第一次雅集）

蔡守　方聲濤　謝祖賢　陳耿夫　孫璞　張開儒　汪精衛　陳沔芹
杜之杕　盧博郎　李孟哲　楊鶴廉　譚炳堃　黃永　劉景初　淩鴻年
劉筠　鄧章興　朱念慈　徐紹榮　陳大年　鄧寄芳　張遠煦　蕭錫祥
朱克昌　李滄萍　莫鳳孫　陳湛綸　姚禮修　蔡少牧　羅志遠　周松年
梁宇皋　劉鳳鏘　吳履泰　尹燡　葉敬常　張柱　胡熊鍔　鐵禪和尚

4月8日　杭州葛蔭山莊

李叔同　經亨頤　陳光譽　朱舜五　查人偉　朱蔚堂　王毓岱　周承德
秦吉人　許祖謙　胡樸安　任鳳岡　朱文軒　嵇鼎銘　沈文華　沈愷如
徐作賓　酈忱　程宗裕　張一鳴　郁九齡　陳鈍　陸紹棠　徐冰
徐紹增

4月22日　長沙半園

駱鵬　蔣同超　劉謙　龔爾位　金宗樺　張啟漢　譚作民　馬卓
李勁　陳家鼎　孔昭綬　周詠　黃鏐　劉師陶　羅劍仇　方榮杲
李澄宇　謝晉　秦轂　魯蕩平　黃堃　黃鈞　姚大慈　傅專
簡易　漆文光　文斐　王啟珥　王競

1918年

10月13日　汕頭陶芳園

陳巢南　梁擴凡　李蜀焦　葉菊生　周輝浦　馮裕芳　馮印月　朱鐸民
蔡潤卿　平智礎　傅夢豪　邱復

另有來賓二人：梅州李次溫、日本木野泰四郎。

1919年

1月1日　廣州南園

陳去病召集臨時雅集，到者無幾。

1920年

1月1日　中央公園

在京社友宋琳等。

12月3日　西園雅集

參加者不詳。

1922 年

4 月 18 日 長沙半園（見傅專《上巳前三日，南社雅集半園分韻得十字》）

1934 年

3 月 4 日 上海（柳亞子、胡樸安、朱少屏等在上海西藏路寧波同鄉會爲陳去病舉行追悼會，是晚舉行南社臨時雅集）

柳亞子	鄭佩宜	費公直	吳豹軍	凌昭懿	陳希慮	朱劍芒	柳無非	
徐蔚南	凌誦益	葉楚傖	包天笑	沈君匋	朱翊新	陳陶遺	高君介	
王秋厓	馮心俠	馮超塵	姜可生	張揮孫	朱少屏	劉季平	余十眉	
周志成	朱鳳蔚	徐懺慧	徐小淑	張心燕	潘公展	胡寄塵	胡惠生	
林庚白	吳少薇	林一厂	許半龍	沈中路	顧依仁	毛嘯岑	鄭佩亞	
鄭競存	楊靜宜	唐蓉裳	金魯望	張鑫長	李沇東	宋之強	唐閨生	
唐荃生	唐一民	陳明珠	陳鶴年	何梅英	朱雲光	朱雲平	丁懷芬	
丁炳章	錢釋雲	戴雲超	高爾柏	吳開先	夏漱芳	陳克成	周憲文	
黃冰清	吳冰海	吳澍	張景龍	王立佛	李迦陵	朱羲農	金瑞石	
王安浦	朱鴻傑	黃紅英	李堅甫	高方	陳志皋	陳寶璋	紀俠中	
湯曾敫	陳靄麓	蔡子民	馬祝眉	馬公愚	殷孟俶	沈志遠	曾今可	
章衣萍	章鐵民	王孝英	林眾可	陳炳煌	邱潛廬	黃定慧	馮自由	
孫仲瑛	陳錦雲	黃苗子	陸丹林	嚴檸檬	陳無那	鄭正秋	姚雨平	
姚菊隱	李大超	盧葆華	吳曙天	宋寰公				

1935 年

11 月 10 日 蘇州中央飯店（因蘇州虎丘巢南公葬事）

柳亞子	鄭佩宜	費公直	凌昭懿	陳希慮	范煙橋	凌誦益	范君博
陸翥雙	王秋厓	朱少屏	朱鳳蔚	邱潛廬	林一厂	郭步陶	柳公望
柳慧儂	周嘉林						

12 月 29 日 上海西藏路晉隆西菜社（南社紀念會第　次聚餐會）

柳亞子	徐蔚南	陳陶遺	姚石子	高吹萬	朱少屏	陳乃乾	周志成
朱鳳蔚	黃濱虹	胡樸安	孫仲瑛	黃苗子	陸丹林	馬君武	高君湘
白蕉	朱叔建	唐鳴時	葛蔭梧	王濟遠			

南社湘集

1924 年

4 月 6 日　長沙劉園　第一次雅集（23 人）

傅　專　鄧鍾岳　侯服周　王永年　張翰儀　文　斐　劉　謙　譚介甫
張啟漢　謝植黃　秦　轂　方榮杲　黃　鏐　孔昭綬　駱　鵬　任凱南
龔芥彌　彭焌文　王世龍　金緘三　李　賡　王　競　戴邃庵

10 月 7 日　長沙賜閑園　第二次雅集（19 人）

劉　謙　劉澤湘　甘　融　駱　鵬　謝植黃　彭焌文　文　斐　湯賓南
李德群　劉師陶　譚介甫　馬惕冰　龔芥彌　李　濤　傅　專　王國毅
侯服周　王世龍　劉佛年

10 月 26 日　長沙妙高峰　第四次雅集（14 人）

同日常德高氏園雅集，參加者 4 人；香港北山堂雅集，參加者 34 人。

1926 年

4 月 14 日　慈利環口園　第五次雅集（21 人）

同日醴陵有雅集，參加者不詳。

10 月 15 日　慈利環口園　第六次雅集

參加者不詳。

1929 年

10 月 11 日　長沙賜閑園

參加者不詳。

1931 年

10 月 19 日　長沙天心閣

參加者不詳。

1934 年

4 月 16 日　長沙妙高峰南園　第九次雅集（19 人）

10 月 16 日　長沙曲園　第十次雅集（18 人）

1935 年

4 月 5 日　長沙天心閣　第十一次雅集（13 人）

劉　謙　龍　曙　龔爾位　黃正理　馬惕冰　文　斐　李澄宇　王世龍
黃　鈞　柳昶鋆　王　競　王存統　方克剛

7月4日　廣州六榕寺

參加者不詳。中國國學會廣東事務所暨南社湘集兩粵支社成立。

10月6日　長沙怡園　第十二次雅集（19人）

匡懷瑾　蕭石朋　羅爾瞻　張啟漢　龔爾位　彭焌文　黃正理　何振鏞
龍　曙　黎吾生　劉　謙　何元文　李澄宇　劉煦燾　田興奎　蔡　彤
陳繼訓　黃　鈞　駱　鵬

1936年

3月25日　長沙定王臺　十三次雅集（23人）

左紀勳　方克剛　譚元徵　朱德龍　劉　謙　劉鵬年　顏昌嶢　田名瑜
田興奎　龍　曙　李澄宇　岳德德　龔爾位　匡懷瑾　甘　融　鍾　藻
周　方　何振鏞　王存統　蔡　彤　王　競　黎梧森　黃正理

10月23日　長沙賜閑園　十四次雅集（29人）

田名瑜　駱　鵬　李澄宇　顏昌嶢　蔡　彤　文　斐　左銘三　王世龍
劉　謙　匡懷瑾　黃修杞　丁良楨　左紀勳　吳　楚　甘　融　彭焌文
王　競　譚元徵　黎梧森　龍　曙　劉振華　岳德威　黃　鈞　黃正理
鍾　藻　王存統　龔爾位　羅爾瞻　劉鵬年

1937年

4月3日　長沙妙高峰南園　第十五次雅集（20人）

劉　謙　王耐園　李澄宇　劉鵬年　文　斐　左銘三　方克剛　顏宗魯
駱　鵬　龍　曙　鍾愛琴　龔爾位　傅紹禹　丁良楨　劉楚喬　陳志鈞
匡懷瑾　黃修杞　龔承上　顏昌嶢

南社閩集（朱劍芒發起組織）

1943年6月7日　福建永安

胡山源　潘希逸　邱荷公　邱潛廬　羅　丹　林靄民　胡孟璽　陳瘦愚
姚景棋　田子泉　高伯英　孟晉齋

附錄六：南社社友參加社團名錄

說明：名單中黑體字者爲南社社友。

拒俄義勇隊（1903 年，東京）
  鈕永建　汪榮寶　**李書城**　**程家檉**　**黃　興**　**陳去病**　方聲瀍
  陳天華　方聲洞　藍天蔚

軍國民教育會（1903 年，東京）
  黃　興　**程家檉**　秦毓鎏　薩　端　周宏業　貝鏞禮　葉　瀾
  張肇桐　華　鴻　陳秉忠　董鴻禕　翁　浩　陳定保　胡景伊
  王家駒　鄭憲成

華興會（1904 年，長沙）
  黃　興　**宋教仁**　劉揆一　秦毓鎏　楊篤生　章士釗　劉道一
  田　桐

青年學社（1904 年，上海）
  黃　興　郭人漳　劉揆一

岳王會（1904 年，蕪湖）
  陳獨秀　**柏文蔚**　常恒芳　宋少俠　范傳甲　張勁夫　薛　哲
  熊成基　倪映典

西泠印社（1904 年，杭州）
  豐子愷　吳昌碩　丁　蔓　王福厂　葉爲銘　吳石潛　金　鑒
  金承浩　胡菊鄰　**黃賓虹**　鍾以敬　王　雲　張大年　吳藏龕
  武鍾臨　**經亨頤**　高野侯　方節厂　**李叔同**　馬　衡　王　世
  張石園　樓　村　謝磊明　高絡園　唐醉石　王个簃　沙孟海
  方介堪　諸樂三　張魯厂　來楚生　韓登安　葉潞淵　朱醉竹
  秦康祥　高式熊　方去疾　吳樸堂　江成之　馬一浮　馬公愚
  河井仙郎

國學保存會（1905 年，上海）
  鄧　實　**黃　節**　劉師培　陳巢南　諸宗元　惲　森　**馬敍倫**
  陸紹明　**高天梅**　**朱葆康**　**馬君武**　文永譽　**王鍾麟**　沈詠韶
  柳亞子　吳欽廉　張桂辛　**盧爵勳**　胡　孛　**黃宾虹**　**蔡哲夫**
  黃　侃　**胡韞玉**　章太炎

黃社（1905 年，歙縣）

黃賓虹　許承堯　**陳去病**　陳魯得　江煒男　汪律本　聶伯虎
李　潮

同盟會籌備會（1905 年，東京）

陳天華　曾繼梧　余範傳　郭先本　**宋教仁**　**黃興**　姚越
張　夷　劉道一　陶鎔　李峻　周詠曾　余誠　鄒毓奇
高兆奇　柳揚穀　柳剛　宋式善　范治煥　林鳳游　郭家偉
時功玖　耿覲文　**周斌**　陶鳳集　蔣作賓　涂宗武　曹亞伯
葉佩熏　李仲逵　劉通　李葉乾　范熙績　許偉　劉樹湘
匡一　**田桐**　但燾　陶德瑤　孫中山　**汪兆銘**　朱少穆
謝良牧　黃超如　**馮自由**　姚束若　金章　古應芬　**杜之枌**
李文範　胡毅生　朱大符　張樹枏　何天炯　黎勇錫　譚鸞翰
盧汝翼　朱金鐘　藍德中　曾龍章　馬同　**鄧家彥**　**程家檉**
吳春陽　王善達　吳春生　張華飛　陳榮恪　吳鼎昌　陳道循
蔣尊簋　康寶忠　毛孝縝　**張繼**　章炳麟　徐鏡心　俞爲民
張仲文　周尚　吳昆　呂嘉榮　邱晦奇　姜飛龍　馬伯援
張光英　成巍　熊兆周　楊傑　胡瑛　孫松齡　劉思復
何香凝　梁揆通　張舒夏　李君舉　何鐵群　劉越杭　張傅霖
肖楚碧　梁慕光　**谷思慎**　黃樹中　童憲章　藍水章　吳洪思
肖達皆　瞿鳳儀　李鴻逵　陳崇功　劉紫駿　許行懌　熊克武
但懋聿　董修武

南武公學會（1905 年，廣州）

黃節　**謝英伯**　潘達微　楊漸逵　李蘊石　何錫朋

春柳劇社（1906 年，東京）

李叔同　**曾存吳**　**歐陽予倩**　陸鏡若　謝抗白　李濤痕　吳我尊
唐肯　莊雲石　孫宗文　馬絳士

神交社（1907 年，上海）

鄧實　吳梅　朱葆康　祝秉綱　**柳人權**　馮競任　**陳去病**
楊千里　**高天梅**　**黃節**　劉三　諸宗元　高黃天　沈匡廬
柳無涯　**沈嘟公**　**包公毅**　楊叔壬

思古詩社（1908 年，東京）

楊楚孫　侯疑始　唐企林　劉揆一　盛倚南　**郁曼陀**　黃子彥等；

另有日本詩人永坂石埭、永井禾原、森槐南。

復古社（1908 年，東京）

景定成 李鏡蓉 **杜 羲** 狄樓海 邵修文 景耀月

麗則吟社（1908 年，上海）

楊了公 **吳眉孫** **陳蝶仙** **奚燕子** **戚 牧** **畢希卓** **葉玉森**
周瘦鵑 江蔭香 楊葆光 蔡芝眉 秦縵卿 謝企石 王恩甫
俞少康 袁保香 章德俊 龍荃初 馮子期 翟楚材 沈錫侯
沈采侯 朱寅伯 陳方鏞 黃炳臣 吳翼肯 潘希武 黃協塤
雲鄉高民 桂香室主 鼠璞齋主人

蓍涒吟社（1908 年，北京）

沈宗畸 陳霞章 金綬熙 袁祖光 成 昌 瑞 瑛 毓 寅
張 瑜 陳之鼐 宋傳曾 王在宣 劉 軾 李靖國 裴祖椿
陳 栩 史曾培 **卓啟堂** 熊大垣 劉仰勳 胡熙壽 易順鼎
冒廣生 葉恭綽 朱 璞 阿 麟 冷汝楫 李國瑜
定 信 章迪周 廖潤鴻袁 鐔 金葆楨 楊述傳

匡社（1908 年，紹興）

陳佩忍 **宋 琳** 馬可興 王文灝

秋社（1908 年，杭州）

陳去病 褚輔成 **姚勇忱** 徐蘊華 吳芝瑛

南園虞社（1908 年，北京）

徐敦穆 繆朝荃 劉炳照 **吳清庠** 沈 煜 汪元文 錢溯耆

寒隱社（1909 年，金山）

高 燮 **姚 光** **高 旭** **高 珏** 陸廉夫 姚虞琴 陶冷月
蘇曼殊 樓辛壺 豐子愷 謝閑鷗

上海書畫研究會（1909 年，上海）

汪淵若 李平書 哈少甫 毛子堅 倪墨耕 趙雲舫 楊古韞
李青之 龐萊臣 何熙伯 何詩孫 呂幼艙 朱研濤 狄楚青
蒲作英 黃勗初 程聽彝 姚叔平 劉語石 胡二梅 王一亭
夏小穀 陸廉夫 謝崎淳 黃秀伯 曹恂卿 王友棠 沈心海
何研北 朱良材 童心安 楊東山 胡仁伯 韓璧人 張叔和
張逸槎 沈鼎臣 李蘭臺 程瑤笙 俞舜欽 嚴詩盦 項如松
江趣丹 余伯陶 姚蘊甫 狄南士 吳昌碩 王壽萱 汪允宗

黄宾虹　叶指发　徐星洲　沈墨仙　黄得仙　吴石泉　冯超然
戎吟丹　王松年　杨了公　金梦石　金寿石　沈采侯　阮涵石
吴彦臣　许静仁　沙辅卿　赵子云　陈汉臣　陈文桢　张永济
高晓山　徐晓村　石燨君　王菊生　钟叙伦　朱恩斋　张慕君
周隐盦　汪仲山　袁植之

海上题襟馆金石书画会（海上题襟馆）（1909年，上海）

姚　鸿　汪　琨　黄　俊　钱慧安　高邕之　黄克明　杨佩父
王　震　黄宾虹　蔡　守　马瑞熙　吴昌硕　黄旭初　蒲作英
杨　逸　顾翔生　沈心海　冯梦华　潘雅西　潘叔和　金鞏伯
杨古醖　郁屏翰　马企周　朱紫翔　何诗孙　程瑶笙　张善孖
沙辅卿　徐訥甫　汪　洵　哈少甫　倪墨耕　王念慈　夏小毅
朱孝臧　沈和卿　王季眉　余德屺　商笙伯　赵云舫　李瑞清
陆廉夫　金蓉镜　盛宣怀　李钟珏　姚景瀛　赵时棡　高时丰
高时显　丁竹蓀　丁辅之　骆亮公　俞　原　吴　徵　吴子茹
吴东迈　吴　隐　曾　熙　童大年　褚德彝　费　砚　狄葆贤
顾燮光　诸宗元　丁宝书　叶振家　杨锡章　潘飞声　易　孺
赵士鸿　唐　熊　贺天健　钱瘦铁　吴　熊　吴　珑　陈巨来
丁念先　许　铸　黄志凤　赵云壑　王瞻民　徐竹贤　吕　万
黄葆戊　王个簃　刘玉庵　刘文玠　王撝卿　张克龢　邓　澍
马　骀　王禹襄　徐　曦　宗士福　钱化佛　朱义方　吴石公
丁六阳　廖道士　熊松泉　叶渭莘　诸闻韵　洪　几　唐子湘

淮南社（1909年，淮安）

周　实　王桂枝　周　伟　夏焕云　张　冰　杨楚材　周颂南
邵天雷　刘去非　魏　琳　丁曾藩　潘名泰　严庆成　严福葆
左纵汉　曹凤仪　汪啸叔

分湖文社（1909年，吴江）

沈昌直　沈昌眉　柳亚子　夏应祥

春晖社（1910年，上海）

高　燮　杨锡章　吴承烜　薛钟斗　朱锡柜

辽社（1911年，沈阳）

汪　洋　吴　敫　赵　孚　沈　毅　姚绍崇　寿　玺　蒋国铨
吴天民　陶　牧　文永誉　房宗岳　赵廷敷

越社（1911年，紹興）

宋 琳	魯 迅	陳去病	王文浩	陳子英	范愛農	孫德卿
魏 祴	趙漢卿	馬鶴琴	周建人	李鴻梁	李宗裕	宋 沅
馬可興	宋成欽	陳國惠	秋 復	楊兆蘭	魯其浚	郁穎炯
阮 恒	潘春波	吳邦藩	周 開	雷昭性		

同南社（1911年，同里）

張錫佩	徐光泰	徐 麟	薛元騏	金祖榮	范 鏞	嚴 琳
沈雷漁	薛元龍	趙其潤	金樹聲	金國寶	柳炳南	薛元鶴
錢祖翼	任傳鋆	孫本文	吳彤藻	沈廷忠	金禧權	嚴 琦
陳紹燕	馬宗裕	蔣家棟	蔣慕蘭	龐國鎬	王彥謙	陳彭年
蔡之秀	張承康	劉祖徵	張正賢	汪受浩	金庚西	于西振
黃 巖	顧 環	龐文桂	沈藻墀	王繼根	王潤霖	陳寅彬
夏晉德	徐寶鋆	陸 珽	陳鳳爲	陳海珊	凌肇基	楊翰祖
王紹哲	張 彤	黃學曾	閻敦祁	秦邦傑	劉啟新	湯之盤
陳 言	范崇年	徐 驥	金國玗	沈錫瑞	葉逢春	金明遠
徐澄濟	趙昇元	瞿源沈	瞿源澂	唐紹笏	吳鵬章	朱慕家
俞樹圻	曹瑞海	汝人鎔	繆海岳	黃一聲	吳京周	高蔚然
馮壽祺	顧無咎	鄭永泉	俞永脩	胡博厚	鄭 榮	平光斗
吳秉義	范 光	費宗潔	趙漢威	劉振清	陶無懷	姚裕源
顧文鍔	凌 圻	朱紫綬	嚴寶禮	嚴 玠	張肇貞	葉堯恢
蔣大椿	李 楨	吳興仁	沈銘書	郁家駒	張國華	曹詠絮
邵玉麒	錢靜觀	陳俊涉	邵靜安	黃雲程	汝潤庠	陸 凝
陳元釗	葉鍾英	金瑞章	周庚生	吳炳鏞	吳理堂	薛壽元
施 斌	沈天籟	夏建寅	許錫安	朱 毅	彭老權	姚天亶
曹澧蘭	龐文彬	楊濟震	汪 立	毛兆傑	丁傅商	周國勳
姚天娛	朱 萃	凌凱成	陳攀庚	邱潤生	俞樹幾	江笠夫
朱豫原	朱豫凡	錢貽善	胡長風	章世勳	邵祖楹	周嘉林
汪以錦	汪定良	曾 霖	高鴻鈞	張 熊	嵇同榮	程鴻書
顧 群	朱 翱	張花魂	蕭鳴騏	龐中錫	嵇懋基	高伊農
陳 侃	譚祖武	鄒繼嶧	殷之伊	張朝棟	凌 聃	金祖謙
過耀桂	袁福倫	許豫貞	唐有烈	印鸞章	沈恩裕	江 鑄
葉興仁	沈 圻	丁鳴鏞	唐湛聲	江莘農	江逢僧	曹淡衷

鄭之駿　吳　淇　**周　默**　張昌基　黃學曾　潘飛君　沈兆凰
　　張錫圻　**顧　瑛**　沈俊生　丁大鏞　孫廷槐　汪德厚　淩煥文
　　唐　霈　王　榮　張道宗　滕若渠　王民安　趙晉源　聶光棣
　　羅兆勳　陳中岳　狄　柔　**馮　旭**　許浩然　蔡羽皋　郭文瑛
　　程文翺　周駕歐　**袁金釗**　查廷珪　沈開誠　吳楚珩　莊　覺
　　徐中傑　顧維瀚　沈欽造　周龍章　成瑞祺　熊鍾祺　趙　昌
　　鄭際雲　鄒仁達　毛兆榮　**陸明桓**　嚴秀芳　吳　均　花祖沐
　　朱　介

後南園詩社（1911年，廣州）
　　沈澤棠　梁鼎芬　姚　筠　李啟隆　吳道鎔　汪兆銓　溫　肅
　　黃　節

海門吟社（1911年，鎮江）
　　趙光榮　吳清庠　葉玉森　于樹深　**姜　若**　唐邦治　邱錦棠
　　茅乃熿　葉玉鑫　閔可仁　李翰翔　趙宗扞　趙清綏　吳士榮
　　何希澄　薛傳薪　戴振聲　楊正齡　李葆黻　莊樹聲　趙臣傑
　　程　鑒　**奚　侗**　張承恩　**陳世宜**　黃咸澤　白曾然　馬振憲
　　張學寬　顏澤祺　張寅清　韓元龍　成　園　**姚錫鈞　胡　蘊**
　　陳鍾器

觀海學會（1911年，長沙）
　　龍　璋　**文　斐**　周震麟　黃昌浚　吳作霖

圖強社（1911年，長沙）
　　文　斐　洪榮圻　黃桐陔　李德純

鐵路協贊會（1911年，長沙）
　　文　斐　李達璋（會長）　粟戡時　周廣詢（副會長）
　　龍　璋　左學謙　易宗義　王汝楫

瀟鳴社（1912年，北京）
　　朱慶佑　曾重伯　顧承曾　顧准曾　易順鼎　陳公儲　關穎人
　　沈太侔　蔡伯浩　劉國鈞　易廷熹　王漢章

嚶鳴社（1912年，長沙）
　　王芃生

七襄社（1912年，上海）
　　姚鵷雛　陳匪石　龐樹柏　胡寄塵　王蘊章　胡樸安

文美（學）會（1912年，上海）

葉楚傖　柳亞廬　朱少屏　李息霜　曾存吳　陳師曾　范彥殊
姚錫鈞　諸貞長　費公直　余天遂　嚴詩盦　黃樸存　夏笑龕
沈墨仙　蔣卓如　沈筱莊

國學商兌會（1912年，上海）

高吹萬　蔡哲夫　柳亞子　余天遂　周人菊　高　旭　葉楚傖
胡樸安　林百舉　文雪吟　姚石子　姚鵷雛　李叔同　陳蛻庵
閔瑞之　馬駿聲　許　觀　金松岑

天民社（1912年，廣州）

黃　節　謝英伯　潘達微　鄭家彥　王葆心

貞社（1912年，上海）

宣　哲　黃賓虹　(參與者多爲《國粹學報》社成員)

貞社廣州分社（1912年，廣州）

蔡　守　鄧爾雅　黃　節　陳樹人

粵社（1912年，廣州）

寧調元　胡漢民　謝英伯　蔡哲夫　楊鐵夫　李孟哲　周松年
汪兆銘　莫冠英　陸更存　釋鐵禪　盧友恒　張光薿　孫　璞
霍庶明　蔡　牧　張處萃　方聲濤　胡熊鍔　羅致遠　張開儒
蔡　守　鄧萬歲　尹　燵　杜之枚　姚禮修　劉筱雲　黃佛頤
盧　鍔　黃清海　張光蕙　徐紹榮　廖從本　朱克昌　簡　華
葉敬常　黃　蕙　鄧桂史　金保泰　劉鳳鏘　謝祖賢　張光翮
張悔庵　張傾城　陳兆年

晦明學社（1912年，廣州）

丁湘田　劉師復

希社（1912年，上海）

潘飛聲　劉炳照　王鈍根　陳　栩　王文濡　周慶雲　俞　雲
鄒　睓　舒呂森　施贊唐

文社（1913年，長沙）

歐陽予倩　陳衡哲　陸鏡若　楊德鄰　吳守貞　文經緯

淞濱吟社（1913年，上海）

周慶雲　沈守廉　潘飛聲　錢溯耆　劉炳照　許淮祥　吳俊卿
劉承幹　沈　焜　李瑞清　金武祥　劉世珩　陶葆廉　朱　錕

錢綏槃　章梫　張鈞衡　陸樹藩　費寅　汪洵　繆荃孫
施贊唐　惲毓齡　吳慶坻　潘蠖　惲毓珂　唐宴　胡念修
呂景端　褚德彝　戴啟文　白曾燏　戴振聲　白曾然　**徐珂**
楊兆鋆　孫德謙　長尾甲（日本）　趙湯　程頌萬　吳昌言
喻長霖　李詳　楊鍾義　汪煦　鄭孝胥　**王蘊章**　李岳瑞
繆朝荃

藝社（1914年，北京）

沈宗畸　易順鼎　徐琪　三多　孫去疾　慶珍　陳明遠
黃璟　定信　許學源　龔元凱　姜筠　張瑜　賀良璞
夏仁虎　吳堅　**壽璽**　狄郁　盧以洽　張景廷　袁祖光
曾福謙　唐復一　周焌圻　駱成昌　黃翹芝　嵩麟　張振麒
宋大璋　黃光汙　蕭亮飛　項乃登　李丙榮　李需

樂石社（1914年，杭州）

夏鑄　**李息**　樓啟鴻　楊鳳鳴　陳兼善　吳薦誼　周其鑣
朱毓魁　杜振瀛　徐嘯濤　**邱志貞**　關仁本　戚純文　陳偉
翁鎔生　毛自明　徐志行　**經亨頤**　諸福詵　張金明　**費硯**
胡宗成　王世　周承德　**柳棄疾**　張一鳴　姚光　徐渭仁

中國科學社（1915年，美國康乃爾大學）

任鴻雋　秉志　周仁　胡明復　趙元任　**楊杏佛**　**胡先驌**
過探先　章元善　金邦正

酒社（1915年，黎里）

顧悼秋　朱劍芒　沈劍霜　王大覺　周雲　蔡寅　黃復
陳洪濤　蒯文偉　吳家驥　黃元琳　朱霞　蒯貞幹　平茂玉
淩景堅　吳淇　許觀　朱梁任　陳戩人　沈君崇　沈君匋
余其鏘　周斌　郁世爲　郁世夔　蔡文鏞　余天遂　柳搏霄
柳率初　黃良伯　王怒安　蒯仲詒　蔡志達

春音詞社（1915年，上海）

龐樹柏　陳世宜　王蘊章　徐珂　白炎　葉玉森　吳梅
葉楚傖　姚錫鈞　朱祖謀　徐自華　龐檗子　邵瑞彭　潘飛聲
白也詩　惲季申　惲瑾叔　夏劍丞　袁伯夔　周慶雲　曹元忠
白曾然　李孟符　陳方恪　郭則澐　林葆恒　楊玉銜　林鷗翔
黃孝紓　袁思亮　況周頤

消夏社（1916年，黎里）
　　柳亞子　周　雲及黎里諸子
消寒社（1916年，黎里）
　　柳亞子　沈劍霜　顧悼秋
正化社（1916年，常熟）
　　徐枕亞　李君粲　吳雙熱
合社（1916年，蘇州）
　　金松岑　柳亞子　顧悼秋　凌莘安　許盥孚　葉楚傖　胡石予
　　徐慎侯
萍社（1916年，上海）
　　王均卿　步林屋　張子良　朱覺廠　陳逸石　徐岫雲　曹繡君
　　姚滌源　汪閑閑　朱染塵　劉介玉　施濟群　徐枕亞　顧震福
　　況蕙風　陸律西　賈粟香　謝不敏　蔣山傭　王毓生　陸澹庵
　　徐行素
翼社（1916年，上海）
　　吳　宣　汪墨溪　陳俠民　倪承燦　林紹樞　章仁傑　張文鼇
　　梁鴻卓　潘普恩　鄭憲章　劉　筠　陳抱奇　吳北樞　梅　煌
　　蔣儼望　湯路塵　朱紫莖　陳訓正　李蘊甫　楊振驥　于樹深
　　荊少英
松風社（1917年，松江）
　　朱運新　張　永　張爾鼎　胡毓臺　楊錫章　顧保圻　杜　炎
　　顧嘉玉　唐　彥　許麒祥　張爾泰　王廷棟　張端寅　張端瀛
　　謝鈞葆　張祉浩
正始社（1917年，周莊）
　　王大覺　費公直　朱璧人　朱琢人　柳搏霄　柳率初　朱雲光
吉林松江修暇社（1917年，吉林）
　　郭宗熙　王聞長　成本璞　成多祿　李葆光　欒駿聲　闕敏澤
　　雷飛鵬
苔岑社（1917年，武進）
　　陳　栩　金鶴翔　卞永璋　蔡　鉞　傅　絧　余　端　姚文棟
　　吳承烜　金武祥　朱家驊　錢振煌　俞　琪
秋聲社（1918年，上海）

方駿乎　方秋泉　**王瀛洲**　吳綺緣　楊吟廬　徐警庸

濠上印學社（1918年，廣州）

李尹桑　**鄧爾雅**　**易孺**

中華美育會（1919年，上海）

吳夢非　劉質平　豐子愷　劉海粟　**歐陽予倩**

瓶社（1919年，北京）

邵瑞彭　**壽璽**　**張素**　**孫希孟**　**楊濟**　孫雄　吳昌綬
王照　丁祖蔭　姚永概　関爾昌　陳三立　樊增祥

虞社（1920年，常熟）

俞鷗侶　陸寶樹　孫雄　宗威　**費公直**　**龐樹松**　**高燮**
楊鴻年　**金鶴翔**　**李澄宇**　**陳栩**　**朱汝珏**　**范鏞**　**胡蘊**
李詳　**楊錫章**　**曾延年**　吳雨蒼　朱軼塵　徐兆璥　楊無恙
樊增祥　楊雲史　張茂炯　吳承烜　張榮培　俞君實　丁虞庵
葉叔謙　朱仲琴　許正區

甌社（1920年，溫州）

林鷗翔　王渡　鄭猷　夏承燾　梅冷生　曾廷賢　徐錫昌
嚴文黼　黃光　馬駭　龔均　王理孚　鄭岳　**陳閎慧**
王蘅芳

三餘印學社（1920年，廣州）

鄧爾雅　**易孺**　盧乃潼

慎社（1920年，溫州）

王渡　龔均　王毓英　汪如淵　江步瀛　夏承燾　**陳閎慧**
李驤　陳珩　嚴文黻　陳經　呂渭英　杜師預　劉紹寬
王理孚　姜會明　黃光　陳壽宸　王朝瑞　林鷗翔　**薛鍾斗**
宋慈抱　李雁晴　鄭劍西　李孟楚　許達初

停雲書畫社（1921年，上海）

任董　呂萬　洪畿　**于右任**　**田桐**　田桓　**張繼**
俞原　錢瘦鐵　任堇　洪庶安　**李懷霜**　呂十千　張聿光
唐吉生　蔡逸民　蔡鴻文　鍾祖培　何企岳　吳稚暉　王一亭
朱疆村　吳昌碩　**張溥泉**　曾農髯　**黃賓虹**　賀天健　吳仲熊
郭和庭　袁寒雲　蔡公時

冰社（1921年，北京）

易 孺	齊宗康	周康元	羅振玉	王國維	馬 衡	丁佛言
姚茫父	孫 壯	柯昌泗	陳寶琛	**壽石工**	陳半丁	柯紹忞
鄭孝胥	陳漢第	溥 倫	陶祖光	陳文會	**林白水**	羅惇曧
梅蘭芳	尚小雲	劉貢揚				

上海書畫會（1922年，上海）

李祝萱	錢病鶴	王一亭	**蕭蛻公**	吳昌碩	王一亭	田 桓
蔣錫曾	吳彥臣	葉伯常	趙半跛	錢化佛	陳益之	張聿光

青社（1922年，上海）

徐卓呆	**包天笑**	**胡寄塵**	張舍我	張枕綠	嚴芙孫	**周瘦鵑**
范煙橋	**畢倚虹**	程小青				

星社（1922年，蘇州）

趙眠雲	**鄭逸梅**	顧明道	屠守拙	孫紀于	范君博	姚蘇鳳
范菊高	**范煙橋**	姚賡夔	程瞻廬	朱楓隱	程小青	蔣吟秋
陶冷月	徐碧波	范佩萸	**尤半狂**	尤次範	尤戟門	金芳雄
陳迦盦	**陳蓮痕**	吳聞天	黃若玄	黃南丁	黃轉陶	趙芝巖
周克讓	施青萍	戴夢鷗	馬鵑魂	張無諍	**包天笑**	嚴獨鶴
周瘦鵑	丁慕琴	江紅蕉	張枕綠	張舍我	孫東吳	許月旦
陸澹安	朱大可	朱其石	陳巨來	謝閑鷗	陳靈犀	陳蝶衣
楊清磐	陶壽伯	唐雲旌	徐恥痕	俞逸芬	黃白虹	胡叔異
毛子佩	沈秋雁	丁翔華	錢瘦鐵	范系千	江小鶼	

壺社（1925年，汕頭）

蔡瀛壺	**金鶴翔**	**吳沛霖**	陸寶樹	**姚 光**	饒 鍔	**黃賓虹**
蔡哲夫	**胡 蘊**	**高 珏**	**張世楨**	**高 燮**	**胡懷琛**	**胡樸安**
汪兆銘	宗子威	吳汝霖	朱粥叟	朱家駒	金松岑	錢南鐵
龐友蘭	許瘦蝶	郭紹裘	吳承烜	左學昌	沈 盡	丁乃潛
戴祺孫	侯 節	李允年	戴 鳴			

聊園詞社（1925年，北京）

譚祖任	夏孫桐	邵 章	溥 儒	溥 僡	羅復堪	姚 華
章 華	章 鈺	汪曾武	金兆蕃	**邵瑞彭**	壽 璽	陳 夔
俞陛雲	向迪琮	趙劍秋	呂 鳳	梁啟勳	郭則澐	洪汝闓
楊壽楠	三 多	關賡麟	陸增煒			

胥社（1925年，嘉善）

江雪塍　**蔡文鏞**　李篆卿　**郁佐梅**　倪志方　**余辛甫**　李明庚
朱仲益　姚原逢　**李癯梅**　**郁世烈**　**郁佐皋**　姚允之　江樹霖
顧我權　馮煥成　梅卓然　朱景舒　袁長康　李彝士　徐石年
沈德鏞　余其鏘

潛社（1926年，南京）
吳　梅　**汪　東**　王玉章　張世祿　王　起　唐圭璋　馮國瑞
周法高　徐益藩　張逌香　沈祖棻　金啟華　常任俠　**盧　前**

六一消夏社（1929年，蘇州）
鄧邦述　吳曾源　**吳　梅**　楊　俊　潘承謀　張茂炯　蔡晉鏞
顧建勳　王　謇　蔡寶善　高德馨　潘昌煦

漚社（1930年，上海）
朱祖謀　**潘飛聲**　周慶雲　程頌萬　洪汝闓　林鵾翔　謝掄元
林葆恒　楊玉銜　姚景之　許崇熙　冒廣生　劉肇隅　夏敬觀
高毓浵　袁思亮　葉恭綽　郭則澐　梁鴻志　**王蘊章**　徐楨立
陳祖壬　吳湖帆　陳方恪　彭醇士　趙尊岳　黃孝紓　龍沐勳
袁榮法

消寒詞社（1931年，蘇州）
鄧邦述　蔡寶善　吳曾源　陳　任　**吳　梅**　楊　俊　林黻楨
亢惟恭　張茂炯　顧建勳　王　謇　黃思履　吳翼燕　趙萬里

文藝茶話會（1932年，上海）
柳亞子　**林庚白**　曾仲鳴　曾今可　章衣萍　**徐蔚南**　王天鵬
華　林　徐仲年　郁達夫　余慕陶　董每戡　褚問鵑　王禮錫
劉大傑　趙景深　張資平

因社（1932年，上海）
潘飛聲　**胡樸安**　胡君復　王甦峰　**王蘊章**　陳方恪　鄭師許
胡寄塵　林岳威　楊愷齡　蔣廷獻　江克農　唐克浩　武瑞方
卓苾馨　李清怡　戴錫叚

天南金石社（1934年，廣州）
陳大年　李澤甫　**謝英伯**　黃文寬

如社（1935年，南京）
廖恩燾　周樹年　邵啟賢　夏仁沂　蔡寶善　石凌漢　林鵾翔
楊玉銜　孫濬源　仇　埰　夏仁虎　吳錫永　**吳　梅**　陳世宜

壽　璽　蔡嵩雲　**汪　東**　向迪琮　喬曾劬　程龍驤　唐圭璋
盧　前　吳白匋　楊勝葆

秋聲社（1934年，丹陽）

程虛白　**姜　若　姜可生**　孫金元　**林立山**　呂鳳子

京江曲社（1934年，鎮江）

姚鵷雛　徐公美　謝尃江　魯培元

聲社（1935年，上海）

夏敬觀　高毓浵　葉恭綽　楊玉銜　林葆恒　黃　濬　吳湖帆
陳方恪　趙尊岳　黃孝紓　龍榆生　**盧　前**

午社（1939年，上海）

廖恩燾　金兆蕃　林鵾翔　林葆恒　冒廣生　仇　埰　夏敬觀
吳　庠　吳湖帆　鄭　昶　夏承燾　龍沐勳　呂貞白　何　嘉
黃孟超